JN324198

書下ろし

症状から80%の病気はわかる

逆引き みんなの医学書

山中克郎

祥伝社黄金文庫

まえがき

私は救急室や内科外来で働く総合診療医です。救急車で搬送される患者さんや、歩いて内科の外来を受診する患者さんの診断と治療を毎日行っています。また外来や病棟で医学生や研修医にベッドサイド教育をすることも私の仕事です。ベッドサイド教育とは実際の診療の場で少人数の生徒を対象に「臨床の知恵」を教える教育法です。患者さんが語る症状や視診、触診、打診、聴診という基本的な診療から、病気に対するさまざまな情報が得られます。先進的な検査を受けなければ診断はできないと考える風潮がありますが、本当にそうでしょうか。私は患者さんの話や基本的診察以上に大切なものはないと考えています。どのような情報も簡単に手に入るインターネットの発達した現代社会だからこそ、ベテラン医師は本当に大切なポイントをわかりやすく、経験に基づいて教えることが重要です。ベッドサイドで「臨床の知恵」を若い世代に教え続けていきたいと思います。

医学生や研修医に正しい医学知識をわかりやすく教えるにはどうすればいいのかということにいつも頭を悩ませ、病気の特徴的症状や診断のコツを書いたマニュアル本を作成しています。医学生も最初は医学知識がほとんどありませんが、学び方を教えることによって日々成長していきます。

「診断の80%は問診による」と言われます。問診とは現在の症状や、今までどのような病気をしたか、どんな薬をいま飲んでいるのかを患者さんから聞くことです。問診をしながら、いま患者さんに起こっている問題点を考え可能性が高い診断を2～3個思い浮かべるようにしています。医学生や研修医のための医学書を作成しながら、一般の人にも理解できる本格的な医学書をぜひ作りたいと思いました。

なぜなら「どのような症状の時に、重大な病気を考えなければいけないか」「よくある病気の典型的な症状はこれだ」ということを示すことができれば、一般の人でも、1）すぐに救急車を呼ぶべきなのか、2）明日、開業医を受診すればいいのか、または、3）明日は大きな病院に行った方がいいのか、そんな判断ができるであろうと考えたからです。また

「自分は重大な病気ではないか」という大きな不安からも解放されるのではないかと思います。

救急室で診療していると、多くの患者さんが、さまざまな医学知識をテレビや新聞で見聞し「自分も同じ病気では」と心配になって来院するケースが多いのです。この本では頭痛や腹痛などよくある症状を起こす病気を解説し、総合診療医ならば、それらの症状からどういう病気の可能性をどう考えるのかということをわかりやすく解説していきたいと思います。

医療は患者さんと医師の共同作業です。お互いに協力してより良い医療を目指さなければなりません。軽症でもタクシー代わりに救急車を使ったり、重症でもないのに早く診療を求めたり、自分のライフスタイルに合わせて深夜に平然と救急室を受診する状況を見ていると、日本の医療はすぐに崩壊してしまうであろうと危惧《きぐ》します。

若い医師は特に過酷な労働条件で医療を行っています。昼間に10時間以上働いたあとに、ほとんど眠れない当直をこなします。しかも翌朝は通常の病棟勤務につくのです。徹夜で働いた運転手が運転する高速バスには誰も乗りたいとは思いません。しかし、医療では日常茶飯事のようにこのようなことが起こっているのです。このような状況の中で、ますます病院勤務医は疲弊していきます。

この本には次の特徴があります。

①健康で長生きするために、どのように生活を改善すればよいかを科学的根拠に基づいて解説します。

②さまざまな情報が氾濫《はんらん》する現代社会で、お金をかけることなく正しい医学情報をつかみ、よりよい治療を受けるにはどうすればよいかを示します。

③病名がわからない時に、症状からどのように病気を診断するか、総合診療医の思考回路を覗《のぞ》き込むことができます。

この本が日本の医療改善に少しでも貢献できればとても嬉しいです。重大な病気を示す危険な症状がある時には、家で我慢せずすぐに救急車を呼んで来院して欲しいと思います。より多くの大切な命が救われるかもしれません。

2013年７月15日

山中克郎《やまなかかつお》

【注意】
執筆の時点で最も正しいと思われることを最新の文献に基づいて解説しましたが、日々進歩し続ける医学ではすべてが絶対に正しいとは言えないことをご理解ください。

イラスト他／石村紗貴子
編集協力／小松幸枝

本書は、祥伝社黄金文庫のために書き下ろされました。

目次

第3章 患者さんから聞かれるよくある質問

症状からの逆引きINDEX

この本の特徴は「逆引き」というところにあります。
よくある症状でも、実は怖い病気のサインかもしれません。
気になる症状があったら ⟶ の先のページを
読んでみてください。

第1章

医者にかかる前に

1　長生きはすばらしい

長生きすることはすばらしいことですが、誰しも健康で長生きであることが望ましいはずです。そのためには①運動、②体重の適正な維持、③栄養バランス、④禁煙、⑤適度なアルコール摂取が大切です。

①運動

生活習慣病と生活機能の低下を防ぐには、18～64歳では歩行（またはそれと同等以上の強度の身体活動）を毎日60分行います。これは約6,000歩に相当します。また、息が弾み汗をかく程度の運動を毎週60分行うことが大切です。40～59歳の男性ならランニングを10km/時の速度で3分間以上継続できれば体力は十分です。65歳以上では横になったままや座ったままでなければどのような動き（洗濯、食事の仕度、買い物、ストレッチング、水やり）でもよいので、身体活動を毎日40分行ってください（厚生労働省　健康づくりのための身体活動基準2013）。健康づくりのための目標は1日あたり8,000～10,000歩です。運動する時間を見つけることが難しければ、通勤や勤務中にできるだけ速歩で歩いたり、エレベーターやエスカレーターは極力使わずに階段を使用するだけでもかなりの運動量となります。

②体重の適正な維持

肥満度を表す指数としてBMI（body mass index）があります。

$$\mathrm{BMI} = \text{体重}(\mathrm{kg}) / [\text{身長}(\mathrm{m})]^2$$

正常は18.5から24.9で、18.5未満は痩《や》せすぎ、25以上は太りすぎ、30以上は高度肥満と呼ばれます。インターネットを使えば自動計算をしてくれます（http://keisan.casio.jp/exec/system/1161228732）。

③栄養バランス

肥満は脂肪分の多い食事（特にファーストフード）や甘い食物の過剰摂取によることが多いので、和食を中心とし、魚類、野菜、豆、海藻、果物を多く取る食生活に切り替えていくのが望ましいのです。腎機能が正常な人には、高血圧の予防として減塩とともにＤＡＳＨ（Dietary Approaches to Stop Hypertension）

食も効果があるとされています。カリウム、カルシウム、食物繊維、たんぱく質の摂取を心がけ脂肪を減らします（http://www.kouketsuatsu-w.com/dash.html）。糖尿病や腎機能に障害がある人はDASH食は適しません。

血圧のコントロールは疾患予防にとって非常に大切です。高血圧がある患者さんの約半数しか治療を受けておらず、その中のたった30％が適切に血圧をコントロールされているだけであるとの報告があります。高血圧の治療により心不全を50％、脳梗塞を40％、心筋梗塞を20～25％減らすことができます（Lancet 356:1955,2000）。

④禁煙

喫煙はがん（肺がん、食道がんなど）、脳梗塞、心筋梗塞、肺気腫にかかる可能性を高め、同居する家族にとってもタバコの煙を吸い込むことは明らかに健康によくありません。舘《たち》ひろしのCMでも有名なチャンピックス®など効果的な禁煙補助薬を用いた禁煙外来がいろいろな病院で開かれ多くの人が禁煙に成功しています。

⑤適度なアルコール摂取

厚生労働省のホームページ（http://www.e-healthnet.mhlw.go.jp/information/alcohol/a-04-003.html）では、節度ある適度な飲酒量は、一日平均純アルコールで20gとされています。もちろんアルコールが嫌いな方は無理をして飲む必要はありません。純アルコール20gはビール500ml、ワイン グラス２杯（240ml）、日本酒１合（180ml）、焼酎100ml、チューハイ（７％）350ml、ウイスキー／ブランデー ダブル1杯（60ml）のいずれかに相当します。

純アルコール摂取が男性では60g/日、女性や高齢者（65歳以上）では半量の30g/日を超えるとアルコール性肝疾患を起こす可能性が高くなります。したがって女性や高齢者ではビール750ml、焼酎150mlを超える毎日の飲酒は危険です。

2　良いかかりつけ医の見つけ方

診断の80％は症状から見当がつくことが多いので、患者さんの話をよく聞いてくれる医師を見つけるのがよいでしょう。検査だけに頼らず、症状の詳細な問診と基本的な診察（聴診／触診）から診断を導いてくれる医師が理想的です。中学や高校の教師に対する評価と同じで、つき合いやすい医師は人それぞれ異なると思いますが、どのような問題に対しても全力で受け止め真摯《しんし》に対応をしてくれる医師が好ましいといえます。

ただし、自分の守備範囲を超えた疾患の場合には、すぐ適切に専門医を紹介してくれる「患者離れが早い医師」であることも大切です。診療所ならば、近くの総合病院と密接な連携を取っていることが多いので、どの病院と連携を取っているのかを確認することが大切です。家族全員が何代にもわたってかかることのできる、信頼できる家庭医を見つけたいものです。

人気のある医師は、患者数がどうしても多くなります。患者さんも医師の診療に協力し、症状がいつからどのように起こったのか、今までかかった病気、薬の使用状況について、医師に余分な時間を取らせないように、あらかじめ用意された書類（本書p25 ～ 27参照）を示すことができれば、さらによい患者・医師関係が生まれます。

お世話になった医師へ品物やお金を渡すという感謝の示し方が高齢の患者さんに時々見られますが、現代ではあまりよい感謝の示し方とは思えません。医師にとっては心のこもった手紙をもらうことが、何より嬉しいです。

3 診療を受ける前に

病院に行く前に、いま最も困っていること（主訴）や調子が悪くなってから現在までのさまざまな症状を順番に書き留めることが大切です。今までに患《わずら》った病気、現在飲んでいる薬の情報も重要です。医師は非常にたくさんの患者さんを短い診療時間内に診察しなければならないので、訴えたいことをあらかじめ整理して正確に医師に伝えることが大切です。このような患者さんと医師との共同作業が良い診療を受けるには欠かせません。病院に行く前に大切なことを書き留めておきましょう。

①主訴

24ページに見本を示します。まず主訴（最も困っていること）を記載します。たとえば、頭痛、のどの痛み、咳《せき》などがこれにあたります。

②現病歴

次に現病歴です。○年○月○日からこのような症状があり、次に○月○日からこのような新たな症状が加わり、そしてこう変化してきた。さらに現在はこれらの症状で困っているというように時系列で記載するとわかりやすくなります。

③既往歴

高齢者の診察において最も大切な情報は既往歴（今までにかかった病気）と薬剤歴（どのような薬を飲んでいるか）です。既往歴では手術を受けた疾患や今までに患った大きな病気について述べます。特に心筋梗塞や脳梗塞／脳出血の危険因子となる高血圧、糖尿病、脂質異常症（高脂血症）については既往歴に明示するとよいでしょう。

④薬剤歴

次に薬剤歴ですが、「お薬手帳」があれば、それで代用が可能です。「お薬手帳」を持参するか、または現在内服中の薬のリストをコピーして病院に持っていきましょう。さらに、健康食品やサプリメントに関する情報も大切です。いつ頃からこれらの薬を飲み続けているのか、メモしておきましょう。

⑤生活歴

最後に生活歴です。ここにはタバコを一日何本くらい吸っているのか、酒はどの程度、飲んでいるのか、何年間そのような習慣があるのかということを具体的に記載します。さらに高齢者ではADL：activities of daily living（日常生活動作）と呼ばれる、どの程度、日常生活が自力で可能かという情報が必要となります。

たとえば「食事は自分で摂れるがトイレはおむつを使用している、ほとんど歩くことができないため一日中寝たきりである」などの具体的な生活の様子が記載されていると、診療に非常に参考になります。

さらにADLが急に悪くなったのはいつ頃からかということも教えてもらえると助かります。同居の家族の有無、職業歴、最近6カ月以内に海外や温泉に行ったかどうかという情報も疾患によっては大切になることがあるのです。

表1は「問診票」の記入例です。表2をコピーして見本を参考にしながら記入し、診察時に持参していただくと診療がスムーズになります。

通常はあまり意識しないような、または医者が細かく聞くには時間がかかり難しいさまざまな症状がROS(review of systems)シートに記載されています。あてはまる症状に○をつけ持参するとよいでしょう。診断のために大切な情報を提供することがあります。表3のROSシートをコピーして必要な症状に○をつけ診察時に持参しましょう。

表1　問診票（記入例）

	氏名　山田太郎　　年齢　67歳　㊚　女
主訴	腹痛
現病歴	・平成24年8月25日（昨日）の朝9時から上腹部にキリキリとした痛みがあった。 ・昨日の夕飯時は食欲がなく、吐き気も少しあった。 ・今日の深夜2時から右下腹部がひどく痛くなり目が覚めてしまった。 ・現在は歩行時の振動が右下腹部に響く。
既往歴	・糖尿病（41歳から） ・高血圧（45歳から） ・脳梗塞（62歳）後遺症のため左手が動かしにくい
薬剤歴	①メトグルコ（250） 1回4錠、1日2回（朝食後、夕食後） ②ブロプレス（4） 1回1錠、1日1回（朝食後）
生活歴	タバコ：20本／日、20歳から 酒：ビール（350ml）を2本／毎日 ADL（日常生活動作）：食事、トイレは一部介助。歩行は自分でできる 同居の家族：妻（62歳）との二人暮らし 職業歴：自動車製造業（60歳で退職） 最近6カ月以内に海外旅行や温泉旅行：なし

表2 問診票

	氏名　　　　　　　　年齢　　歳　　男　女
主訴	
現病歴	
既往歴	
薬剤歴	
生活歴	タバコ： 酒： ADL（日常生活動作）： 同居の家族： 職業歴： 最近6カ月以内に海外旅行や温泉旅行：

表3

Review of systems(ROS)
システムレビュー

当てはまるものに○をつけてください

［一般］
体重変化（____ヵ月で____kg 増／減）・食欲不振・全身倦怠感・寝汗（発汗のため下着を着替えた）・発熱・発熱前に体がガタガタ震えた・便通（整・不整）・排尿（日中____回，夜間____回）・睡眠障害（有　無）（なかなか寝つけない，夜間に目が覚める，朝早く目が覚める）

［皮膚］
湿疹・痛み・かゆみ・色調の変化・腫瘤・爪の変形・脱毛・太陽にあたると皮膚が赤くなる

［頭部］
外傷・めまい・失神・頭痛

［眼］
視力低下・眼鏡／コンタクトレンズ・物が二重に見える・視界が暗い・流涙・痛み・白内障・緑内障・目の乾燥

［耳・鼻・のど］
聴力低下・耳鳴り・鼻水・鼻づまり・鼻血・歯肉出血・口の渇き・入れ歯・虫歯・舌の痛み・のどの痛み・声がかれている

［乳房］
腫瘤・痛み・腫脹・乳首からの分泌

［胸部・血管］
胸痛・圧迫感・呼吸困難・寝てから1～2時間すると呼吸が苦しくなって目が覚める・坐っていないと息苦しくて寝ることができない・ヒューヒューと音がする・咳・痰の色（____）・血痰・動悸・浮腫・チアノーゼ・少し歩くとふくらはぎが痛くなる

［消化管］
嚥下困難・みぞおちの痛み・げっぷ・胸やけ・吐き気・嘔吐・吐血・腹痛・お腹がはる・便秘・下痢・異常便（黒色・異臭）・血便・痔・特殊な食物の摂取・海外渡航歴（どこへ____________，いつ____________）

（川島篤志，medicina43:1226, 2006 改変）

4　救急車の上手な使い方

救急車の利用は無料です。消防署に電話（電話番号119）すると5分程度で3名ほどの救急隊員が駆けつけてくれます。日本が世界に誇る救急システムですが、救急車の安易な使用が増えているため、重症患者さんの治療に支障がでています。適切な救急車の使用が望まれます。救急車を呼ぶべき症状は、突然の意識障害、失神、右（または左）半身の麻痺《まひ》、呂律《ろれつ》障害、ひどい胸痛、呼吸停止、呼吸困難などです。判断に迷ったら救急車を呼んでください。

救急車を使わずに来院する救急患者さんへの対応は各病院で異なりますが、多くは午前の外来が終了する昼の12時から翌朝９時まで、救急室で患者さんの受け入れをします。

救急病院では受付後に、トリアージナースと呼ばれる重症か軽症かを判断するナースが、簡単な問診とバイタルサイン（体温、血圧、心拍数、呼吸数）のチェックを行い、重症度に応じて救急室での診察の順番を決めます。バイタルサインは人間の体に大変なことが起こると、すぐに異常値を示すため、私たちはどんな検査値よりもバイタルサインの変化に注意を向けています。

重症ならばより早く診察を受けられますが、軽症と判断された場合は、重症患者さんの診察が終わったあとに順番に診療を受けることになります。われわれが重症と判断する根拠は、バイタルサインの乱れ、緊急疾患を疑うような症状（心筋梗塞なら突然のひどい胸痛と冷や汗）、待つことが困難な重篤な症状（たとえばひどい腹痛）です。

痛みの程度は医療従事者には客観的に判断ができないケースもあるので、ひどい痛みや症状がある場合には、がまんせず救急室のトリアージナースか受付事務員に申し出てください。

5 あなたにもできる救命処置

一次救命処置（BLS：basic life support）

近くの人が突然意識を失って倒れたら、すぐに心停止を疑い一次救命処置を行わなければなりません。大声で応援を呼び119番通報を行います。近くに自動体外式除細動器（AED：automated external defibrillator）があれば持ってくるように頼みます。

呼びかけに反応がなく呼吸をしていなければ、ただちに胸骨圧迫を行います。１分間あたり100回のスピード（「アンパンマンマーチ」のリズム）で胸骨圧迫を行い、５cmの深さまで胸骨を圧迫し解除時には完全に胸郭《きょうかく》を元に戻します。訓練を受けた救助者は胸骨圧迫と人工呼吸を30：２の比で行います。

日本赤十字社の「一次救命処置（BLS）～心肺蘇生とAED」というわかりやすいYouTube動画があります（http://www.youtube.com/watch?v=qYea586_U9s&feature=related）。

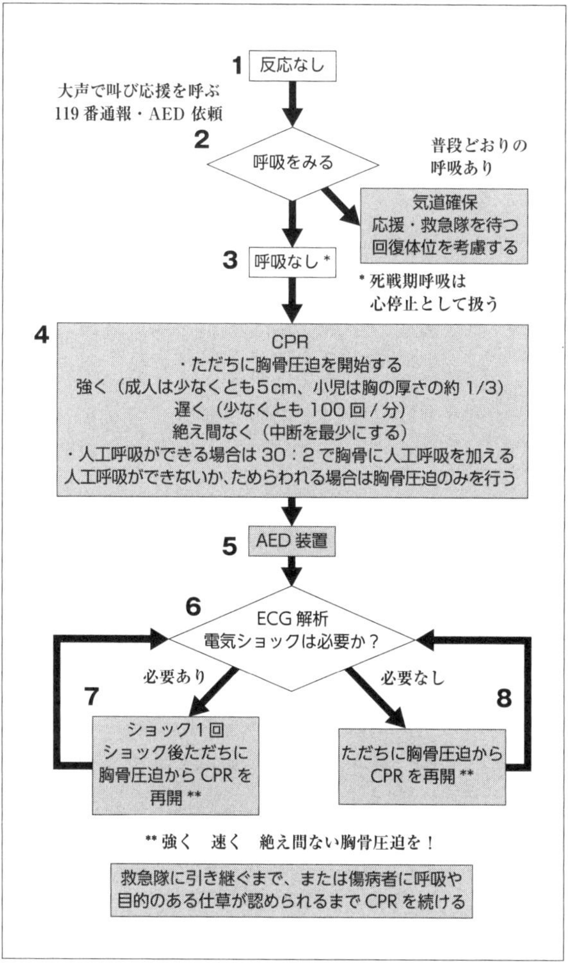
1 反応なし
大声で叫び応援を呼ぶ
119番通報・AED依頼
2 呼吸をみる
普段どおりの
呼吸あり
気道確保
応援・救急隊を待つ
回復体位を考慮する
3 呼吸なし *
* 死戦期呼吸は
心停止として扱う
4 CPR
・ただちに胸骨圧迫を開始する
強く（成人は少なくとも5cm、小児は胸の厚さの約1/3）
速く（少なくとも100回/分）
絶え間なく（中断を最少にする）
・人工呼吸ができる場合は30：2で胸骨に人工呼吸を加える
人工呼吸ができないか、ためらわれる場合は胸骨圧迫のみを行う
5 AED装置
6 ECG解析
電気ショックは必要か？
必要あり
必要なし
7 ショック1回
ショック後ただちに
胸骨圧迫からCPRを
再開 **
8 ただちに胸骨圧迫から
CPRを再開 **
** 強く　速く　絶え間ない胸骨圧迫を！
救急隊に引き継ぐまで、または傷病者に呼吸や
目的のある仕草が認められるまでCPRを続ける

6 尊厳死

テレビや新聞でも最近話題になることが多い胃ろう増設や経管栄養の適応についてはさまざまな意見があり、是非を決めることは非常に難しいと思われます。しかしながら、尊厳を持って死にたいというのは、多くの人の希望です。私ならば、意識がなくなったら無駄な延命措置は望みません。

胃ろうと呼ばれる胃とお腹の皮膚をつなぐ穴を作り流動食をそこから毎日流しこまれるような処置は受けたくありません。家族に大きな負担をかけながら、意識がないままにベッドの上でただ生きているのは、私個人としては耐えられません。最後まで人間として尊厳を持って、口からおいしく食事を食べたいし、もしそれができなくなったり、そのために誤嚥《ごえん》性肺炎（食べ物が気管内に誤って入ることで生じる肺炎）を起こすようなことがあったとしても、それは寿命であるとの受け止め方を、私はするだろうと思います。

末期のがん患者さんでは痛みを伴うことが多くあ

ります。しかし現在はモルヒネを上限なく使えるので、緩和医療の知識がある医師による適切な治療を受ければ、がんによる痛みを抱えながら闘病生活を送ることは通常はありえません。医師の知識不足により、モルヒネの量や使用法が適切でないために、痛みを生じるケースはあります。たとえ末期がんにおかされても痛みさえなければ、残された時間を大好きな家族や仲の良い友人と幸せに過ごすことができます。

人は突然病気になります。意識がなくなった場合には、自分が思い描くような終末期を迎えられない可能性があります。私が働く救急室には90歳を超えた心肺停止患者さんが時々運ばれてきます。肋骨を何本も折りながらの力一杯の心臓マッサージ、強心薬投与……私たちは患者さんや家族を本当に幸せにしているのだろうかと疑問に思うことがよくあります。想像もしたくないことですが、人は必ず死にます。50歳を過ぎたら、もし自分に最悪のことが起こったらどうして欲しいのか心構えをしておく必要があります。家族に自分の希望を伝えておいてください。次のような尊厳死の誓約書（リビング・ウィル：living will）を事前に作成することが可能です。

尊厳死の誓約書

私は自分の病気が不治かつ死が迫っている場合に備えて、家族や親戚、治療に関わっているすべての人に次の要望をします。
この宣言書は、私の精神が健全な状態にある時に書いたものです。

1　私の病気が不治の状態であり、担当医により既に死期が迫っていると判断された場合、いたずらに死を引き延ばすための延命措置は一切お断わりします。

2　ただし、苦痛を和らげる措置は最大限に行なってください。麻薬などの副作用でたとえ死期が早まったとしても構いません。

私の要望を実行していただいた方に深く感謝申し上げるとともに、その方々がなさった行為のすべての責任は私にあります。

平成○○年○○月○○日

氏名　○○　○○　印　　○○年○○月○○日生

住所

7 エビデンスと役に立つ医学情報サイト

エビデンスとは科学的根拠のことを言います。その根拠にはさまざまなレベルがあり、信頼性の高いものから、

①ランダム化比較試験
②非ランダム化比較試験
③分析疫学的研究
（コホート研究、症例対照研究）
④記述的研究（症例報告）
⑤専門家の意見

とされています。驚くべきことにマスコミでよく話題になる専門家の意見は最も信頼性に欠けています。

ランダム化比較試験（RCT：randomized controlled trial）とは対象を無作為に選び治療を行う群と行わない群で評価する方法です（下図参照）。

非ランダム化比較試験は対象を無作為に選ばない比較試験なので信頼性は少し落ちます（下図参照）。

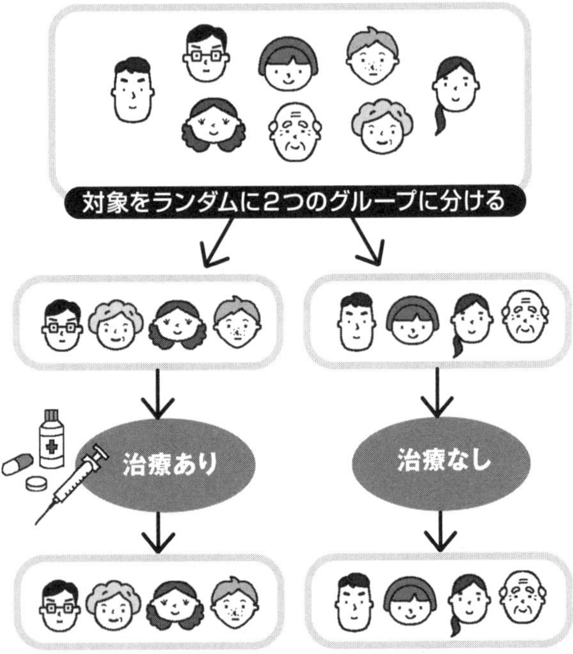

治療を行うグループと、行わないグループの違いを見る

コホート研究はある集団（コホート）を追跡調査し病気の発生と危険因子（喫煙、放射線被曝など）がその集団の中でどのように関連しているかを見ていく研究です。

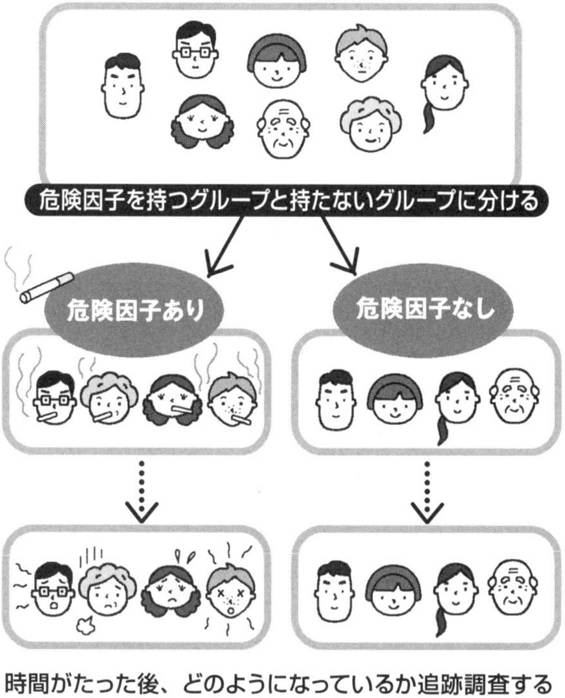
危険因子を持つグループと持たないグループに分ける
危険因子あり
危険因子なし
時間がたった後、どのようになっているか追跡調査する

症例対照研究とは年齢と性別などを同じ条件にそろえた病気の人と病気でない人の２つの群で、過去にさかのぼって危険因子への曝露を調査する研究です。

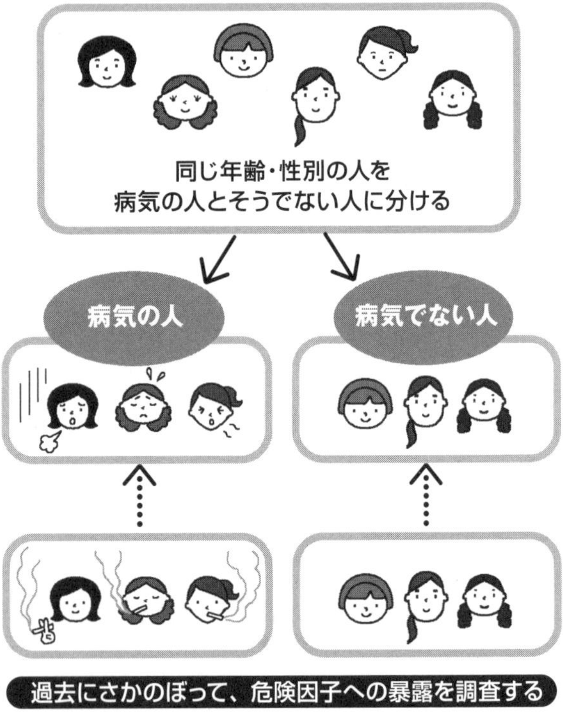
同じ年齢・性別の人を
病気の人とそうでない人に分ける
病気の人
病気でない人
過去にさかのぼって、危険因子への暴露を調査する

症例報告とは医師が実際に経験した少数の症例を報告するため、一般的な結論をそこから導き出すことは難しいのです。

本書では最新の医学専門書と論文に基づいてエビデンスレベルの高い（科学的根拠の信頼性が高い）内容を一般の人にわかりやすく解説するように心がけました。さらに詳しく学びたい方は、若手医師を対象として執筆した次の書籍を参考にしていただければと思います。これらの本では執筆の根拠となった文献をできるだけ詳しく示しています。

①「UCSF に学ぶ　できる内科医への近道」改訂４版 南山堂 2012年
②「ER の哲人」CBR 2006年

信頼性が高いと思われる、インターネットでの役に立つ検索サイトを次に紹介します。

①メルクマニュアル医学百科家庭版

http://merckmanuals.jp/home/index.html

メルクマニュアルという米国の伝統ある医学書の家庭版です。日本語。

②家庭の医学 - goo ヘルスケア

http://health.goo.ne.jp/medical/

各疾患についてわかりやすく解説されています。薬検索もできます。

③独立行政法人 国立がん研究センターがん対策情報センター

http://ganjoho.jp/public/index.html

さまざまながんの症状、検査、治療について述べられています。

④国立感染症研究所 感染症情報センター

http://www.nih.go.jp/niid/ja/from-idsc.html

感染症発生動向調査、予防接種情報、各種感染症の症状や治療についての解説があります。

⑤難病情報センター

http://www.nanbyou.or.jp

厚生労働省が難治性疾患に指定する130の疾患について、一般利用者と医療従事者向けに疾患頻度、原因、症状、治療法が解説されています。

⑥厚生労働省検疫所 FORTH

http://www.forth.go.jp

海外旅行の際にどのような感染症に注意し予防接種は何が必要かという情報を世界の国々を対象に詳しい解説がなされています。

⑦厚生労働省 みんなのメンタルヘルス

http://www.nhlw.go.jp/kokoro/know/index.html

いろいろなこころの病気の症状、治療、サポートについて述べられています。

MEMO

第2章

身近な症状からわかる こわーい病気

1　意識障害／失神

意識障害とは意識レベルが低下し、話をしたり呼びかけに応じて目を開くことができない状態をいいます。意識障害はその程度において次のように分類されます。

Japan Coma Scale(JCS)

Ⅲ．刺激をしても覚醒しない状態（3桁の点数で表現）
300. 痛み刺激にまったく反応しない
200. 痛み刺激で少し手足を動かしたり顔をしかめる
100. 痛み刺激に対し、払いのけるような動作をする
Ⅱ．刺激すると覚醒する状態（2桁の点数で表現）
30. 痛み刺激を加えつつ呼びかけを繰り返すと辛うじて開眼する
20. 大きな声または体を揺さぶることにより開眼する
10. 普通の呼びかけで容易に開眼する
Ⅰ．刺激しないでも覚醒している状態（1桁の点数で表現）
3. 自分の名前、生年月日が言えない
2. 見当識障害がある
1. 意識清明とは言えない

失神とは3分から5分以内に完全に意識が戻る状態をいいます。

❶どのような時に病院に行くべきか

すべての意識障害や失神はすぐに病院に行き検査を受けるべきです。

❷意識障害の鑑別診断

意識障害の鑑別診断として「アイウエオチップス」という鑑別法があります。意識障害はすべてが重大な病気が原因となって起こります。

アイウエオチップス

A	Alcohol　急性アルコール中毒
I	Insulin　低血糖
U	Uremia　尿毒症
E	Encephalopathy　脳症
O	O_2　低酸素 Overdose　薬物中毒
T	Trauma　外傷 Temperature　低体温、高体温
I	Infection　感染症（脳炎、敗血症）
P	Psychogenic　精神疾患
S	Seizure　てんかん Shock　ショック Stroke　脳出血／脳梗塞

脳の最も中心部にある脳幹の上行性網様体と大脳皮質が正常に機能することにより私たちの意識は保たれています。意識がなくなる状況は脳幹がやられるか、大脳の大部分の機能が失われる、または脳幹と大脳のすべての機能を損なう全身疾患（たとえば血液に菌が侵入する敗血症や薬物中毒）が原因となります。

失神の鑑別診断

重大な病気	よくある病気
不整脈	迷走神経反射
大動脈解離	起立性低血圧
肺塞栓症	状況性失神
くも膜下出血	
心筋梗塞	
大動脈弁狭窄症	

❸総合診療医はこのように診断する

意識障害では「アイウエオチップス」の鑑別診断に基づいて、それぞれの病気を示唆する症状や身体所見がないかどうかをみていきます。

低血糖はよくある意識障害の原因で、糖尿病患者でインスリンや経口糖尿病薬を内服中の人に起こりやすいです。病院では血糖値をすぐに調べます。低血糖ならばブドウ糖を注射するとすぐに意識は回復します。血圧、心拍数、体温、呼吸回数、SpO_2（酸素飽和度）をすぐに調べ、意識障害では胸部レントゲン写真、心電図、頭部CTが必要となります。

失神の鑑別診断では、発症の仕方（病歴）が最も大切です。その次に心電図、身体所見（心臓や頸部の雑音）が重要です。

最も心配な失神の原因は、心臓に重大な病気（たとえば心筋梗塞や大動脈解離、大動脈弁狭窄症《きょうさくしょう》、肺塞栓症）がある時と、死に至る危険な不整脈（たとえば心室頻拍や心室細動）が起こっている時です。

❹よくある病気／重大な病気の典型的な症状

1）てんかん

一見失神のように見えても、10分以上にわたって意識がボーとしている時にはてんかんの可能性があります。てんかんでは左右どちらかに首を回旋した後に手足の痙攣《けいれん》を起こすことが多くみられます。

2）迷走神経反射

若年者で多いのは迷走神経反射です。この疾患による失神では倒れる前に動悸《どうき》や吐き気、目の前の暗黒感が起こり、我慢をしていて記憶を失うことが多くみられます。迷走神経反射の典型的な例は、体育館で長時間立って朝礼を受けている時にバタンと倒れてしまう女学生です。長時間の起立や採血、痛み、咳、排尿、排便、冷たい飲み物を飲むことが誘因としてよく知られています。迷走神経反射と同じカテゴリーに入る神経調節性障害には状況性失神や頸動脈洞症候群があります。状況性失神は排尿、排便、咳で起きます。頸動脈洞症候群は中年以降の男性に多く、頸動脈洞の感受性が亢進《こうしん》しているため、首を回した時やネクタイを締めると失神を起こします。

3）起立性低血圧

起立性低血圧は立ち上がるとフワっとするという症状を持つ高齢者に多くみられます。食後1時間くらい経つと高齢者は低血圧となることが多く、高血圧の薬の内服やアルコール摂取、消化管出血がある時に起立性低血圧を起こしやすいのです。若い女性では子宮外妊娠が原因となり、起立性低血圧を起こすことがあります。

失神の危険な徴候 こんな時は要注意

心不全の既往、心筋梗塞の既往、心電図異常、動悸、65歳以上、運動時の失神、臥位での失神

ポイント

- 意識障害／失神は必ず病院で診断と治療を受けてください。
- よくある失神の原因は①心疾患／不整脈、②迷走神経反射、③起立性低血圧です（失神3兄弟）。
- 意識障害は脳幹または広範な大脳皮質の障害、全身疾患によって起こります。

2 めまい

❶どのような時に病院に行くべきか

めまいが持続する時には、強い吐き気や嘔吐を伴い、とても立っていることができません。すぐに病院に行くべきです。突然起こった呂律不良、片側の顔や手足のしびれ、物を飲み込むことができないという症状は脳の血管障害を示すので救急車での受診が必要となります。

❷めまいの鑑別診断

重大な病気	よくある病気
小脳梗塞	良性頭位性めまい症
小脳出血	メニエール病
脳幹梗塞	前庭神経炎
	片頭痛によるめまい症

❸総合診療医はこのように診断する

めまいで最も心配なのは「中枢性のめまい」、すなわち脳に異常が起きて生じるめまいです。脳血管障害を起こすようなリスクが高い人かどうかをまず考えます。この危険因子には高血圧、糖尿病、男性、脂質異常症、喫煙者、年齢（男性45歳以上、女性55歳以上）があります。これらの要因がまったくなければ脳血管障害の可能性は低くなり、「末梢性のめまい」すなわち耳が原因のめまいである可能性が高くなります。

診察では眼振に注目します。眼振とは、左右上下に眼球を動かした時の眼球の揺れです。垂直方向に眼振が起これば中枢性めまいと診断できます。「中枢性めまい」ではめまい以外の脳神経学的所見があることがほとんどで、呂律が回らなくなる、飲み込みができない、物が二重に見える（複視）という症状が起こります。

また、歩くことがまったくできないというのも小脳出血や小脳梗塞を疑わせる症状です。末梢性めまいでは、眼振の方向は必ず一方向に向い、水平性または回旋性の眼振です。末梢性めまいの方が中枢性めまいと比べて嘔吐が激しい傾向がありますが、困難ですが何とか物につかまればトイレに歩いて行けます。

❹よくある病気／重大な病気の典型的な症状

1）良性頭位性めまい症

ベッドから起き上がる時、すなわち頭の位置を動かすとめまいは誘発されますが、持続時間は1分（長くても2分以内）です。難聴や耳鳴りは伴ないません。救急室を訪れるめまいの患者ではこの疾患が最も多く、「中枢性めまい」が否定されれば、医師は良性頭位性めまい症を第一に考えて診察を行います。

良性頭位性めまい症とは、耳の奥にある平衡をつかさどる三半規管に小さな石（耳石）が詰まり三半規管内のリンパの流れを妨げることで起こります。エプリー（Epley）法という耳の中の耳石を落とす運動をすると治療効果が高いと言われています。YouTube に Epley 法のわかりやすい動画があります。自宅で治療することも可能です。

2）メニエール病

この病気は非常に有名であり、メニエール病と診断された患者さんは多いのですが、正確にメニエール病と診断されている患者さんは少ないです。30分から数時間続くめまいを何度も繰り返し、難聴や耳鳴りを伴うことが多くあります。

3）前庭神経炎

数日間続くめまいで難聴や耳鳴りは伴いません。これも良性頭位性めまい症のように寝返りで誘発されることがあり、初期には両者の区別は非常に困難なことがあります。

4）小脳梗塞／小脳出血

小脳に異常があると、歩くことができなくなります。いわゆる酔っ払いの歩き方のように非常に足元がふらついて倒れやすくなってしまいます。小脳の機能を調べるため指鼻試験というものを医者は行います。医者が指し示した人差し指の先端に患者さんは自分の人差し指を持っていき、その後自分の鼻に持っていく。このことを繰り返して行うことができるかどうかは小脳の機能障害を調べる上でとても重要です。

5）片頭痛によるめまい症

片頭痛から生じるめまいも意外に多いものです。片頭痛は家事や仕事ができなくなるほどの強い頭痛、頭痛時の吐き気、光を見るとまぶしく感じることが特徴です。頭痛とめまいが同時に起こるとは限りません。月経時のめまいやスピンする運動（たとえば遊園地のコーヒーカップ）が苦手という特徴があります。

ポイント

- 持続するめまいと嘔吐があればすぐに病院を受診します。
- めまいは中枢性のめまい（脳血管の障害）と末梢性のめまい（内耳の障害）により起こります。
- 歩行がまったくできなければ中枢性のめまいを疑います。

3 頭痛

❶どのような時に病院に行くべきか

突然発症の１分以内に最高に痛くなる頭痛、今まで頭痛のなかった40歳以上の人に起こったひどい頭痛、外傷後の頭痛、意識障害を伴う頭痛、運動や性交時の頭痛、生まれて初めてのひどい頭痛、呂律が回らない、片麻痺を伴う頭痛では、すぐに救急室に行かなければなりません。また慢性時の頭痛でも、いつもと様子の異なる頭痛や、３日以上ひどい頭痛が続くような場合には、病院を受診した方がよいでしょう。

❷頭痛の鑑別診断

重大な病気	よくある病気
くも膜下出血	片頭痛
髄膜炎・脳炎	緊張型頭痛
緑内障	群発頭痛
側頭動脈炎	鎮痛薬の過量服用による頭痛

❸総合診療医はこのように診断する

まず、突然発症の1分以内に最高になるような頭痛かどうかが大切な問診のポイントです。このような頭痛を雷鳴様頭痛と呼びます。雷鳴様頭痛を起こす疾患には、くも膜下出血、内頸動脈／椎骨動脈の解離、下垂体腫瘍からの出血、脳静脈洞血栓症があります。これらの疾患の診断には、脳のCT検査、場合によってはMRI検査（および脳の血管を撮影するMRA検査）が必要となります。

発熱があり意識障害を伴う場合には、髄膜炎の可能性があります。首が硬くなる（項部硬直）ことは髄膜炎や脳炎の重要な身体所見です。ベッドで臥位になった患者さんの首を持ち上げて確認します。呂律障害、片麻痺（たとえば右上肢と右下肢に力が入らない）、瞳孔の大きさの左右差などの脳神経の異常所見が認められれば、脳出血や脳梗塞に伴う頭痛の可能性があります。50歳以上の人の頭痛は、側頭動脈炎という血管の炎症の可能性があるため、側頭動脈に硬い部分や痛みがないかどうかを、側頭部を慎重に触れることにより観察します。

❹よくある病気／重大な病気の典型的な症状

1）片頭痛

救急室や内科診察室を訪れる患者さんの多くは片頭痛です。片頭痛は非常に多く、重要な特徴的所見としての次の３つがあります。①頭痛がひどくなると吐き気がする。②頭痛時に蛍光灯や太陽の光を見るとまぶしく感じる。③仕事や家事ができなくなり、寝込んでしまう。

これらの症状の２つ以上を満たす場合には、片頭痛である可能性が高くなります。視野の一部が暗くなったり白くなったりして、それが視野全体に広がる視覚障害が頭痛の前兆として起こることもあります。

片頭痛では、家族歴があることが多く、両親や兄弟がひどい頭痛持ちであったりします。女性の場合には、月経時に頭痛がひどくなることもよくみられます。チョコレート、チーズ、赤ワインにより頭痛が誘発されることもあります。空腹、寝すぎ、気圧の変化によっても、頭痛が起こります。

ストレスでも起こりますが、ストレスから解放された時（学生ならば試験が終わった時）に、頭痛が起こることもあります。

通常、片頭痛は30歳までに起こるので、40歳を過ぎての初めてのひどい頭痛は、片頭痛である可能性は極めて低いといえます。子どもにも片頭痛が起こることが知られていますが、子どもの場合には、頭痛よりも、繰り返す嘔吐、腹痛が特徴的です。片頭痛では、振動で頭痛は増悪し、痛み止めを飲まなければ４時間から72時間続きます。

片頭痛の治療にはトリプタンという特効薬があります。トリプタン製剤には、ゾーミッグ®、マクサルト®など数種類があり、最初のトリプタン製剤が効かなくても、他のトリプタン製剤が有効なこともあります。しかしこのトリプタン製剤は、一錠千円と非常に高価なので、軽い片頭痛の場合には、アセトアミノフェンや非ステロイド性抗炎症薬を早めに飲み、中程度のひどい片頭痛になった場合には、トリプタン製剤を内服するとよいでしょう。

片頭痛が週に２回以上起こる場合には、片頭痛発作の予防として、β遮断薬や、三環系抗うつ薬の内服が勧められます。

2）緊張型頭痛

片頭痛と並び、最も多い頭痛の原因ですが、片頭痛に比べて頭痛の程度は軽いので、通常病院を訪れることはありません。日常生活は障害されませんし、吐き気や嘔吐も伴いません。頭痛は数分から数日間続くことがあります。片頭痛との混合型も多くみられます。

3）群発頭痛

この症状が出るのはほとんどは男性です。目の周りにアイスピックで刺されるようなひどい頭痛が起こります。頭痛は夜間、決まった時刻に起こることが多く、数週間続いたのち、数カ月間はまったく頭痛が起こりません。

じっとしていると頭痛はますますひどくなるので、痛みのあまり、壁に頭を打ちつける人もいるほどです。15分から３時間はひどい痛みが続き、涙が出たり、鼻がつまったり、鼻水が出ることもあります。片側性で、あまりにもひどい痛みのため、自殺の原因となることさえあります。

群発頭痛も片頭痛とよく似た機序により起こるので、治療はトリプタン製剤です。酸素投与が有効であることも多くみられます。

4）鎮痛薬の過量服用による慢性頭痛

１年以上にわたり、週３回以上鎮痛薬を飲み続けると、この病気になる可能性があります。どのような種類の鎮痛薬でも起こりえます。多くは、慢性的な片頭痛の痛みを止めるために鎮痛薬を飲み続け、この薬剤性の慢性頭痛を引き起こすことが多いのです。原因となっている鎮痛薬の内服を止めることが最も必要ですが、患者さんにとっては、頭痛が続くので痛み止めを飲むという認識があり、治療はなかなか難しいこともあります。

5）側頭動脈炎

この症状を発症する患者さんの年齢は50歳以上です。リウマチ性多発筋痛症を合併すると、首や肩、臀部《でんぶ》、大腿《だいたい》のこわばり感や、筋肉痛のため、起床時に起き上がれなくなります。食べ物を噛み続けていると、あごが疲れてしまいます。複視(物が二重に見える)、咳、突然の視力喪失を起こすこともあります。50歳以上の人の発熱や、慢性的頭痛の場合には必ず考えないといけない重要疾患です。突然視力が喪失することがあるので、早めにステロイドの内服治療を行わなければいけません。

ポイント

- 突然発症の1分間以内に最高になるような頭痛では、くも膜下出血や内頸動脈／椎骨動脈の解離を考えなければいけません。
- 最も多い頭痛の原因は片頭痛で、頭痛時の吐き気、光を見るとまぶしく感じる、仕事や家事ができずに寝こんでしまうという症状が特徴的です。
- 頭痛薬を週に3回以上、1年間にわたり飲み続けると、鎮痛薬による慢性頭痛を引き起こすことがあります。

4 認知症

❶どのような時に病院に行くべきか

厚生労働省の調査では85歳以上の４人に１人は認知症です（http://www.mhlw.go.jp/kokoro/speciality/detail_recog.html）。

急に暴力をふるいながら叫びだすなど、「日常生活に妨げ」を起こすようなケースでは、すぐに病院に行くべきです。「日常生活の妨げ」の例としては、今まで可愛がっていた孫の顔を見ても名前がまったく思い出せない、家の周りに散歩に行くと帰り道がわからなくなるなどという場合です。

また、急速に認知症が進行している場合には、なにか全身性の原因があり認知症が進行している可能性が高いので、すぐに病院で精密検査を受けるべきです。

❷認知症の鑑別診断

重大な病気	よくある病気
慢性硬膜下血腫	アルツハイマー型認知症
肝性脳症	加齢に伴う認知症
腎不全	ビタミンB1欠乏症 （ウェルニッケ脳症）
薬物中毒	うつ病
アルコール中毒	甲状腺機能低下症
ビタミンB12欠乏症	レビー小体型認知症
神経梅毒	前頭側頭型認知症

❸総合診療医はこのように診断する

まず治療可能な認知症かどうかを検討します。治療可能な認知症とは、慢性硬膜下血腫、正常圧水頭症、甲状腺機能低下症、肝性脳症、腎不全、ビタミンB1欠乏症、ビタミンB12欠乏症、神経梅毒、うつ病、薬物中毒、アルコール中毒です。

これらは問診と頭部CT検査、甲状腺機能検査、肝機能/腎機能検査、ビタミンB1/B12測定、梅毒検査によって診断が可能です。特に急速に進行した認知症の場合には、アルツハイマー病などの老人性認知症以外の原因が何かあるのではないかと探ることになります。これら原因疾患による認知症ならば、適切な治療によりもとの状態に戻ることが多くあります。

❹よくある病気／重大な病気の典型的な症状

1）アルツハイマー型認知症

認知症の最も多い原因です。近い過去の記憶障害から始まり、数年を経て失行や妄想、幻覚を起こします。失行とは運動機能に問題はないのに意味のある行動ができないことです。たとえば、自動車修理工として長年働いてきた人が、歯磨きのキャップをどうやってはずすのかがわからなくなったりします。

初期症状として、物を片付けた場所を忘れる、なくなった探し物を「誰かに取られた」と言う、日にちや時間・季節がわからなくなる、同じことを何度も尋ねる、通い慣れた道で迷子になるなどの症状が起こります。

加齢によるもの忘れでは、なにかヒントを出すと思い出せることが多いのですが、アルツハイマー型認知症では、ヒントを出しても思い出すことができません。10年ぐらいで死亡することが多く、劇的に効く特効薬はありません。家族が疲労しないよう社会資源を有効に使い患者さんをサポートすることが大切です。

2）加齢に伴うもの忘れ

体験したことの一部を忘れますが、忘れていることを自覚していることが多いのが特徴です。探し物も努力して見つけようとします。作り話はしません。同じことを何度も言ったり聞いたりしますが、さっき食事をしたことを忘れるなど日常生活に大きな支障をきたすことはありません。症状はゆっくり進行します。

3）ビタミンB1欠乏症（ウェルニッケ脳症）

アルコール多飲者や、つわりがひどい妊婦、拒食症の患者さんに多くみられます。ビタミンB1は豚肉に多く含まれているので、野菜を適切に取っていてもビタミンB1欠乏は起こります。ビタミンB1欠乏により起こる精神症状をウェルニッケ脳症と呼び①錯乱、②ふらつき、③眼球の運動障害が特徴です。これら3つの症状がすべてそろうことは17%しかなく、ほとんどは軽い認知症または意識障害のみです。ビタミンB1を静脈注射することにより、急速に症状がよくなること

アルツハイマー型認知症の症状

症状

軽度

重度

●「もの忘れ」が多くなる

●昔の記憶なども忘れやすくなる

●場所や時間がわからなくなる

●家族の顔や名前がわからなくなる

レビー小体型認知症の症状

●幻視が現れる

アルツハイマー型認知症の病理

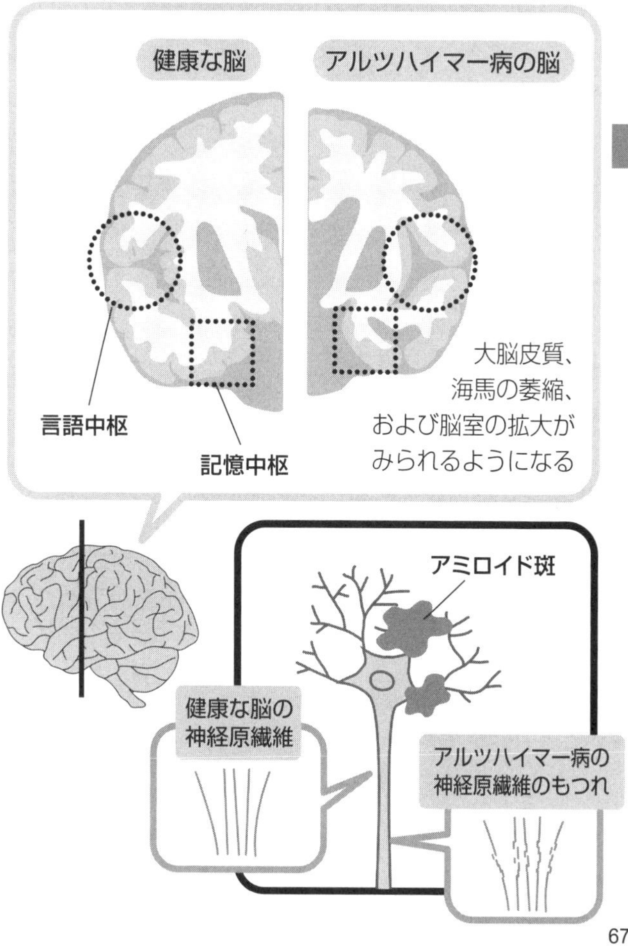

が多くあります。

4）慢性硬膜下血腫

高齢男性やアルコール多飲者によくみられます。数カ月前に転倒して頭部を打撲する病歴があることが多いのですが、明らかな外傷がない場合もあります。慢性的に頭蓋内に出血を起こす病気で、次第に脳が圧迫され認知症の症状を起こします。頭部CT検査をすれば診断は容易です。治療は頭蓋骨に小さな穴を開けて、脳の傍にたまった血の塊を取り除きます。

5）うつ病

うつ病の簡単なスクリーニング法に「二質問法」があります。

①この１カ月間、気分が沈んだり、憂うつな気持ちになったりすることがありましたか。
②この１カ月間、どうも物事に対して興味がわかない、あるいは心から楽しめない感じがよくありましたか。

２つの質問のうちの１つでも当てはまるならば、さらに詳細なうつ病スクリーニング検査が必要です。体重減少や増加、不眠や過眠、精神不安、疲労や行動力の低下、自分を価値のない人間と感じ罪悪感をいだく、集中力の低下や意思の決定ができなくなる、死について何度も考える、または自殺企図がある場合には、うつ病である可能性が高まります。

「仮面うつ病」では、さまざまな症状を呈し来院するので、医師の診察を受けても初診時にうつ病と診断されるのは30％、５年後も50％にすぎないとの報告があります（MKSAP14 General Internal Medicine:107,2006）。

妻や親しい友人に指摘される記憶力低下は認知症を示すことが多く、患者自ら記憶力低下を訴える場合はうつ病を示唆します。うつ病に対しては休息が最も大切です（休息により40％は治ります）が、抗うつ薬も70％に有効です（http://medical.radionikkei.jp/snri_pdf/snri-120430.pdf/）。

6）甲状腺機能低下症

甲状腺機能低下症の典型的な症状としては、倦《けん》怠《たい》感、便秘、寒さに耐えられない、風邪をひいたような低調な鼻声、体重増加、うつ症状がありますが、症状がまったくない場合も半数においてあります。甲状腺機能低下症がひどくなると、記憶力が非常に悪くなり、疲れやすくなります。血液検査でTSH（甲状腺刺激ホルモン）を調べれば、すぐに診断することができます。

7）レビー小体型認知症

パーキンソン病様の症状を示すことが多くあります。すなわち、変化に乏しい表情（仮面様顔貌）、小刻みの歩行、安静時の手のふるえ、腕を振ることのない歩行、前に転びやすいことが特徴です。

これらのパーキンソン病様症状に幻覚を伴います。実際にはいない人物が隣に座っていると言い出したり、きれいな台所の流しにゴミがいっぱいたまっていると騒ぎ出したりというような幻視を訴えたりします。

8）前頭側頭型認知症

ほとんどが65歳以下で発症します。人格変化や社会性の喪失が起こり社会生活を大きく損なうような無関心が生じます。すなわち、以前は立派な紳士であった男性が、怒りまくり他人と喧嘩を始めるという反社会的な行動が特徴です。頭部CTを撮れば、前頭葉と側頭葉に著明な萎縮があるのがわかります。

ポイント

- 急速に進行した認知症は、何らかの全身的な原因があることが多くみられます。
- 治療可能な認知症の診断が重要です。
- 日常生活に大きな障害がなければ、軽度の物忘れはアルツハイマー型認知症とは異なります。

5 咽頭痛《いんとうつう》（のどの痛み）

❶どのような時に病院に行くべきか

のどの痛みは風邪をひいた時にはよくあります。しかし、固形物はもちろんのこと、唾液も飲み込めないほどのひどい咽頭痛や口を開けることができなくなった時（開口障害）には、のどの奥深くに重大な感染を起こしている可能性があるので、すぐに病院に行かなければなりません。

❷咽頭痛の鑑別診断

重大な病気	よくある病気
急性喉頭蓋炎《きゅうせいこうとうがいえん》	風邪（上気道炎）
扁桃周囲膿瘍《へんとうしゅういのうよう》	咽頭炎
口底蜂窩織炎《こうていほうかしきえん》	扁桃炎

❸総合診療医はこのように診断する

多くの咽頭痛は風邪や咽頭炎、扁桃炎が原因です。溶血連鎖球菌（溶連菌）による咽頭炎／扁桃炎では抗菌薬による治療が必要となるケースがあります。嚥下障害（うまく食べ物が飲み込めない）かつ開口障害がある時は、のどの奥の感染症（深頸部膿瘍）と破傷風が考えられます。破傷風は外傷から破傷風菌が侵入して起こる致死的な病気ですが、外傷がはっきりしないことが半分ほどあります。すぐに診断され、適切な治療をすれば助かりますが、治療が行われない場合には命を落とすことが多くなります。10年毎の破傷風ワクチン接種が勧められています。

❹よくある病気／重大な病気の典型的な症状

1）急性喉頭蓋炎《きゅうせいこうとうがいえん》

急性喉頭蓋炎は非常に恐ろしい病気で、最初は発熱と軽いのどの痛みがあります。「風邪かな」と思って治療を受けますがなかなか改善しません。そのうちに食べ物を飲み込むことが困難になり、唾液も飲み込めないためにタオルを口の前にあて、タオルに唾液を吐き出すようになります。

その頃にはかなり強い咽頭痛を生じています。さらに進行すると気道と呼ばれる空気の道が閉ざされてしまい、窒息を起こして死ぬ可能性があります。このように、嚥下もできないようなひどい咽頭痛や、息を吸う時に「ヒュー」という音が鳴るような吸気時喘鳴《ぜんめい》では窒息の危険があるため、すぐに救急車を呼ばなければなりません。この病気では臥位になると気道がより圧迫されて窒息を起こすことがあるので、必ず座ったまま病院に向かわなければなりません。

2) 扁桃周《へんとうしゅう》囲《い》膿瘍《のうよう》

扁桃周囲膿瘍は、片方の扁桃腺の近くに大きな膿《うみ》を生じる病気です。高熱とひどい咽頭痛を起こします。診断には造影剤を用いるCT検査が必要です。耳鼻科を受診し膿を取り除き、適切な抗菌薬治療を受けなければなりません。

3) 口底蜂《こうていほう》窩《か》織炎《しきえん》

口底蜂窩織炎とは、舌の下側にひどい細菌感染を起こす病気で、のど全体が腫れて窒息の恐れが生じる致死的な病気です。のど全体や首全体が大きく腫れるような場合には、すぐに病院に行く必要があります。

4）風邪（上気道炎）

本書 p78を参照。

ポイント

- 唾液も飲み込めないような強いのどの痛みがあれば、すぐに救急室を受診しましょう。
- 息が吸いにくく吸気時に「ヒュー」と音がすれば緊急事態です。
- 嚥下障害＋開口障害があれば深頸部膿瘍（のどの奥の感染）と破傷風を考えます。

6 発熱

❶どのような時に病院に行くべきか

39.0℃以下の発熱で全身状態がよければ、必ずしも病院に行く必要はありません。解熱鎮痛薬を飲んで休んでいればたいていだいじょうぶです。自宅に血圧計があれば、血圧と心拍数を測定してみるとよいでしょう。

悪寒戦慄《おかんせんりつ》（発熱前に毛布をかぶってもガタガタと体がふるえる）、38.0℃以上の発熱かつ心拍数90回／分以上ならば、敗血症（細菌が血液に侵入する全身の感染症）を起こしている可能性があるので、すぐに病院に行った方がよいでしょう。心拍数が収縮期血圧（上の血圧）より大きな数字を示していれば、さらに緊急性が高くなります。

また、2カ月未満の新生児、65歳以上の高齢者、免疫抑制剤を内服中、血液透析を受けている人は免疫機能の低下があるので、発熱時は精密検査が必要です。3日以上にわたり38.0℃以上の熱が続く場合も医療機関の受診が必要です。

❷発熱の鑑別診断

重大な病気	よくある病気
敗血症	風邪（上気道炎）
心内膜炎	伝染性単核球症
悪性腫瘍	薬剤性発熱
膠原病《こうげん》	

❸総合診療医はこのように診断する

まずバイタルサイン（血圧、脈拍、体温、呼吸回数）の測定が大切です。①体温38.0℃以上または36.0℃以下、②心拍数90回／分以上、③呼吸回数20回／分以上、④白血球数12,000/μl以上または4,000/μl以下であるかどうかの確認を行います。もしこれら４項目のうち、２つ以上を満たしていれば敗血症である可能性が高くなります。敗血症は65歳以上の高齢者では非常に多く見られます。

次に、感染症を示唆する症状があるかどうかについて問診を行っていきます。たとえば咳と黄色の痰《たん》、息苦しさがあれば肺炎を示唆し、頻尿や残尿感、排尿時痛があれば尿路感染症（腎盂《じんう》腎炎）の可能性を高めます。敗血症の主な原因は４つあります。肺炎、腹腔内感染症（たとえば虫垂炎、腸閉塞、胆道感染症)、尿路感染症、皮膚感染症(褥《じょく》瘡《そう》)です。高齢者では、いつもと比べてなんとなく様子がおかしい、変なことを言っているという症状だけでも敗血症のことがあります。

原因のよくわからない38.0℃以上の発熱が3週間以上にわたり続く時、不明熱と言われます。感染症(結核、心内膜炎、膿瘍など)、悪性腫瘍(肝がん、腎細胞がん、悪性リンパ腫など)、膠原病(成人 スティル病、全身性エリトマトーデス、血管炎など)が原因であることが多くあります。

❹よくある病気/重大な病気の典型的な症状

1)風邪(上気道炎)

風邪の多くはウイルス感染症です。風邪は長くても10日で元気になります。風邪には3つの症状があります。①咳、②のどの痛み、③鼻水です。発熱があってもこれらの症状がまったくない場合には、風邪であると断言するのは間違っています。風邪ではこれらの症状のうちの2つ以上は存在するためです。風邪に抗菌薬は効きません。38.0℃以上の発熱があれば解熱鎮痛薬を飲み、自宅で安静にしていれば、それだけでよくなるので、病院に行く必要はありません。

2）伝染性単核球症

10日以上続く発熱、のどの痛み、頸部リンパ節の腫れ、肝機能障害を伴う場合には、伝染性単核球症であることがあります。３週間以上にわたり、38.0℃から39℃の発熱と倦怠感を伴うことが多く、EBウイルスやサイトメガロウイルスの初感染が原因となることが多くみられます。EBウイルスやサイトメガロウイルスは、ほとんどの人では小児期に感染を起こしていますが、大人になって初めて感染を起こすと、非常に症状がひどくなります。大人になって初めてかかると、麻疹《はしか》が重大な症状を起こすのに似ています。

まれにHIV感染症がこのような症状を起こすこともあります。不特定多数の異性との性行為や、男性同士の性行為、外国人との性行為がある場合には、HIV感染症を考慮する必要があるでしょう。

3）薬剤性発熱

たくさんのサプリメントや、いろいろな処方薬を内服している人に起こることがあります。１年以上飲み続けている薬でも、突然発熱を起こすこともありますが、多くは飲み始めから１カ月程度で発熱を起こすことが多いようです。発熱の割にはケロッとして、全身状態がいいことも一つの特徴です。原因となる薬を中止すれば、発熱はおさまります。薬剤性発熱を考えた場合には、やめることができる薬ならばすべてを中止し、どうしてもやめられない薬の場合には、代わりに同系統の薬を処方してもらうのがよいでしょう。

ポイント

- 悪寒戦慄後の発熱は敗血症の可能性がある。
- 伝染性単核球症は10日以上続く発熱、のどの痛み、頸部リンパ節の腫れ、肝機能障害が特徴です。
- 薬剤性発熱が疑われれば、すべての薬とサプリメントを中止することが望ましいです。

7 胸痛（胸の痛み）

❶どのような時に病院に行くべきか

　突然の胸のひどい痛みが20分以上続く時や冷や汗を伴う場合には、すぐに救急車を呼んで病院に行く必要があります。特に女性、65歳以上の高齢者、糖尿病患者では、倦怠感や息切れ、吐き気、食欲低下という症状だけで胸痛がなくても心筋梗塞を起こしていることがあります。また、突然の引き裂かれるようなひどい胸痛や背部痛、呼吸困難、失神、意識障害を伴う時も救急車を依頼した方がよいでしょう。

❷胸痛の鑑別診断

重大な病気	よくある病気
心筋梗塞／不安定狭心症	狭心症
大動脈解離	逆流性食道炎
緊張性気胸	気胸
肺塞栓症	肋軟骨炎
食道破裂	肋骨骨折
	肺炎
	帯状疱疹《ほうしん》

❸総合診療医はこのように診断する

最も心配なのは、心筋梗塞やその前段階である不安定狭心症、および大動脈解離です。

まず、心血管系疾患の危険因子があるかどうかを尋ねます。リスクとなるものは①高血圧、②喫煙、③脂質異常症（LDLコレステロール＞160mg/dL、HDLコレステロール＜40mg/dL）、④糖尿病、⑤年齢（男性≧45歳、女性≧55歳）、⑥第1親族に若くして虚血性心疾患の既往です。

次に症状が突然起こっているかどうかの確認が重要です。突然の症状出現は、心臓や血管系に何らかのイベントが起こった可能性が高くなります。さらに冷や汗について尋ねます。冷や汗を伴うような胸痛では、重大な疾患を起こしている可能性があります。

最も大切な検査は、心電図検査です。心電図でST 上昇（心電図のST 部分に上向きの波形変化が見られる）が認められれば、心筋梗塞と診断することができます（p85参照）。

心臓エコー検査で一部の心筋が動かなくなっていることを確認したり、血液検査で心筋が壊死する時に上昇してくる酵素（トロポニン、CK-MB）を調べることにより診断は確定します。

胸部から背部、腰部へ移動する痛み、四肢血圧に左右差があれば、大動脈解離を疑います。この場合は胸腹部造影CT 検査が診断に重要です。

❹よくある病気／重大な病気の典型的な症状

1）不安定狭心症

不安定狭心症では、安静時（寝ている時）に胸痛が起こり、胸痛の頻度や程度が次第にひどくなります。運動時（たとえば階段を上った時）だけに生じる胸痛があれば、安定狭心症と呼ばれます。不安定狭心症になると、心筋梗塞を引き起こす可能性が非常に高くなります。はっきりとした胸痛ではなく、胸部の圧迫感、締め付けられるような感じを起こすだけのこともあります。すぐに大病院の循環器科を受診しなければなりません。

2）大動脈解離

大動脈解離では、胸部から背部、腰部へと移動する痛み以外に、失神や脳梗塞のような片麻痺（たとえば右上肢と右下肢の麻痺）、下肢のしびれや筋力低下を起こすことがあります。突然これらの症状を起こしたり、冷や汗を伴うことが特徴です。

3）肺塞栓症

長期間の安静臥床《がしょう》（たとえば手術後）や長時間の座位（たとえば航空機での海外旅行）、ピルの内服は肺塞栓症の発生リスクを高めます。失神を起こしたり少し歩くだけでひどい息切れを生じることが多く、胸部造影CT検査により診断します。

4）気胸

やせ型のひょろっとしたタイプの男性が、突然胸痛を訴えた時に気胸が疑われます。肺に穴があき、しぼんでしまうことが原因です。息が苦しくなり、息を吸った時に胸痛を感じます。胸部レン

急性心筋梗塞の心電図変化

正常な心電図

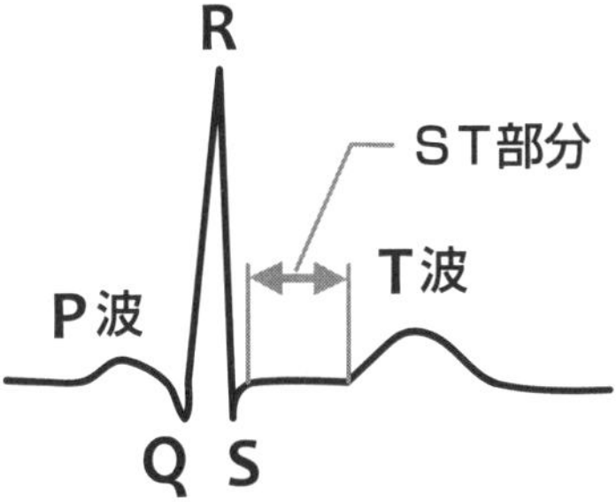

心筋梗塞の典型的な心電図

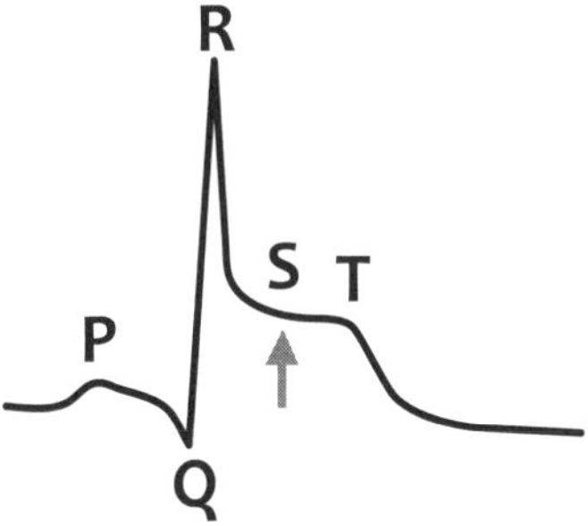

ＳＴ部分が上昇

トゲン写真により簡単に診断ができます。

5）逆流性食道炎

逆流性食道炎では、胃酸が胃から食道に逆流するため、食道に慢性的な炎症が生じます。睡眠中（特に明け方）の胃酸の込み上げ、胸痛、心窩部痛、肩甲骨内側の痛み、慢性の咽頭痛、慢性咳、食後にうつ向きになると食べ物が逆流してくることが特徴的な症状です。

6）肋軟骨炎

肋軟骨炎は、胸骨のやや右側（または左側）の肋軟骨移行部に圧痛を生じる病気です。原因はわかりません。非ステロイド性抗炎症薬を数日間飲めばよくなります。

ポイント

- 突然発症の20分以上続くひどい胸痛や、冷や汗を伴う場合には、救急車を利用しすぐに病院に行きましょう。

- 寝ている時の胸痛や、胸痛の頻度／程度の悪化がある場合には、不安定狭心症を疑います。不安定狭心症は心筋梗塞へと移行する可能性が高い病気です。

- 頻度の高い胸痛には、狭心症、気胸、逆流性食道炎、肋軟骨炎、帯状疱疹があります。

8 咳《せき》

❶どのような時に病院に行くべきか

咳のみで、すぐに病院に行く必要はありませんが、呼吸困難を伴うような時や、チアノーゼ（唇が紫色になる）を生じるような時には、すぐに受診した方がよいでしょう。

咳の多くは１週間でほぼおさまることが多く、３週間から８週間続くものを亜急性の咳、８週間以上続くものを慢性咳と呼びます。３週間以上続く咳やひどい咳の時は病院を受診してください。

❷咳の鑑別診断

重大な病気	よくある病気
肺結核	気管支炎
肺がん	風邪（上気道炎）
肺炎	咳喘息
	上気道咳症候群
	逆流性食道炎

❸総合診療医はこのように診断する

まず咳がどの程度続いているかを聞きます。３週間以内の咳であれば、レントゲン写真で肺や心不全が否定されればそれほど問題になることはありません。３週間から８週間続くものに関しては、百日咳、マイコプラズマ、クラミドフィラによる感染後の咳の可能性があります。大人でも百日咳である可能性は15％あります。さらに結核の既往があるか結核患者が家族内にいる場合には、結核である可能性が高くなります。また、教師、タクシー運転手、医療従事者は結核患者に曝露する可能性が高くなります。結核は空気感染で他の人にうつるので、できるだけ早く見つけ隔離する必要があります。

８週間以上続く咳のほとんどは、①咳喘息、②逆流性食道炎、③上気道咳症候群が原因です。これらが90％近くを占めます。この３つの疾患のいくつかが合併している可能性もあります。さらに高血圧の薬であるアンジオテンシン変換酵素阻害剤は、副作用として慢性の空咳を起こすことが知られています。

❹よくある病気／重大な病気の典型的な症状

1）咳喘息

咳喘息は若い人に非常に多くみられます。風邪をひいたあとに咳が長引いたり、朝の冷たい空気を吸った時に咳が出ます。または少し話しこんだり駆け足で走ると咳が出ます。これらの症状があれば咳喘息を起こしている可能性が高いとみてよいでしょう。気管支炎により気管支が過敏になることによって、咳だけの喘息が生じます。治療は喘息と同じです。ステロイドと気管支拡張薬の吸入を用いることによって、約２週間程度で咳はかなり改善します。

2）逆流性食道炎

逆流性食道炎は非常に多い病気ですが、日本では慢性咳の原因となるケースは少ないとされています。日本人の食事が欧米化し脂肪分の多い食事を取るようになったことや、仕事が忙しくなり寝る前に食事を取る習慣、肥満が逆流性食道炎を増やしていると考えられています。

逆流性食道炎の誘因としては、高脂肪食、アルコール、ミカンやグレープフルーツなどの柑橘《かんきつ》類、トマト、タマネギ、チョコレート、コーヒー、炭酸、ミント、たばこ、降圧薬（カルシウム拮抗薬）があります。

慢性に続く咳以外で逆流性食道炎の症状としてよくあるのは、肩甲骨内側の背部痛、心窩部痛、慢性の咽頭痛、胃酸の込み上げです。この病気には特効薬があり、プロトンポンプ阻害薬と呼ばれる薬を約２週間飲むと、かなり症状が軽減します。しかしながら、６カ月以上この薬を飲まないと、咳の改善が見られないケースもあります。

3）上気道咳症候群

これは鼻水が原因となり鼻水が声帯を刺激して起こる咳のことです。慢性の副鼻腔炎が原因となることが多く、慢性副鼻腔炎に対する治療を行うと咳は改善します。さらに第１世代抗ヒスタミン薬とよばれる、やや眠気の副作用がある抗ヒスタミン薬を使うことによって、咳の症状はよくなります。

ポイント

- 3週間から8週間続く咳では大人でも百日咳のことがあります。
- 8週間以上続く慢性咳なら咳喘息、逆流性食道炎、上気道咳症候群のいずれかであることが多いです。
- 結核の可能性を忘れないことが大切です。

9 腹痛

❶どのような時に病院に行くべきか

耐えられないほどのひどい腹痛、冷や汗が出るほどの痛み、振動でひびく腹痛、血便（真っ赤な便）や黒色便（海苔の佃煮《つくだに》様の便）、立ちくらみ、38.0℃以上の発熱がある時は病院への受診が必要です。最近半年間に５％（60kg の体重なら３kg）以上の体重減少があり、便が急に細くなった時は大腸がんが疑われます。

❷腹痛の鑑別診断

重大な病気	よくある病気
腹部大動脈瘤	虫垂炎
心筋梗塞	腸閉塞（イレウス）
消化管穿孔《せんこう》	胆のう炎
上腸間膜動脈閉塞症	尿路結石
子宮外妊娠	胃潰瘍／十二指腸潰瘍
	逆流性食道炎
	骨盤内腹膜炎

❸総合診療医はこのように診断する

腹痛が起こった場合には、以前にも同様の腹痛があったかどうかを聞きます。もしそうであるならば、その時の診断と今回の診断はおそらく同じでしょう。次に腹痛の様子について問診します。波がある周期的な痛み、すなわちギューと痛くなって、しばらくしてから痛みがおさまることを繰り返し、このような波のある痛みは、管の痛みです。

管とは消化管（胃、小腸、大腸）、尿管です。これら管の痛みは、あまりどこが痛いのかはっきりとしないことが多いです。下痢《げり》の時に「あっ、今日は左下腹部の下痢だ」とは誰も思わないでしょう。それとは対照的に持続的な痛み、すなわちずっと痛みの程度が変わらない場合は、膜（胸膜や腹膜）の痛みであることが多いのです。咳や寝返りで響くようなら胸膜炎か腹膜炎の可能性を考えます。

また、ベッドの上で転げまわるような痛みは尿路結石の痛みであることが多いです。尿路結石は尿路という腎臓から膀胱《ぼうこう》への尿の通り道にできる小さな石です。

❹よくある病気／重大な病気の典型的な症状

1）虫垂炎

虫垂炎は俗に盲腸とも呼ばれます。最初はみぞおちや臍《へそ》のまわりが痛くなることが多いです。しばらくして吐き気や食欲低下が起こります。この順番は非常に大切で、吐き気が腹痛の前に起きたり、腹痛と同時に出現する場合には虫垂炎らしくありません。さらに数時間たつと右の下腹部に痛みは移動し、歩行時の振動で右下腹部が痛むようになります。そのあとに発熱することが多くみられます。虫垂炎は50歳未満の患者さんの場合、急に生じるひどい腹痛の約30％を占めます。50歳以上の患者さんの場合では虫垂炎、腸閉塞、胆石／胆のう炎がそれぞれ20％を占めます。

2）腸閉塞（イレウス）

腸閉塞は小腸または大腸の流れが悪くなってしまう状態です。腸がつまるために便が出なくなり繰り返し嘔吐するようになります。吐物は便の匂いがすることもあります。お腹の手術をした人が術後に腸のゆ着を起こすとイレウスを起こしやすくなります。

3）胆のう炎

胆のう炎は胆石が胆のう管をふさぐことによって起こる胆のうの炎症です。最初はみぞおちが痛くなり、数時間するとみぞおちの痛みはおさまりますが、数時間後に右の上腹部が痛くなります。この頃になると持続的な痛みが右の上腹部を中心に起こります。発熱を伴うこともあります。

胆石症はぽっちゃりとした中年女性によく起こり、天ぷらなど脂っこい食事を食べると右上腹部の痛みを感じる病気です。

4）骨盤内腹膜炎

若い女性に多く、下腹部を中心とした腹痛が起こります。月経開始後５日目から10日目に起こることが多くみられます。月経中の性行為は骨盤内腹膜炎のリスクを高めます。肝臓のまわりに炎症（肝周囲炎）を起こし、右の上腹部が痛くなることがあります。

5）尿路結石

腎臓から膀胱に尿を運ぶ管には３か所狭くなっているところがあります。そこに結石がつまるとかなり強い背部痛が生じます。痛さのためにベッドで七転八倒することが多く、痛みは波がありますが楽になった時でもピーク時の1/2程度の痛みが存在します。

体の脱水が進む明け方に発症することが多く、痛みがひどい場合には吐き気や嘔吐を伴うこともあります。家族にも尿路結石の既往があることが多く、肉をよく食べる人に起こりやすい病気です。予防は食事の時と食後2時間、寝る前にコップ１杯ずつ（計７杯／日）水を飲むことです。

6）胃潰瘍／十二指腸潰瘍

胃潰瘍は食後に、十二指腸潰瘍は空腹時にみぞおちが痛むことが多くみられます。胃潰瘍は痛み止めの長期服用、十二指腸潰瘍はヘリコバクター・ピロリ菌感染が原因となります。胃酸分泌を抑える薬（H_2ブロッカー、プロトンポンプ阻害薬）が有効です。胃がんの可能性を否定するために50歳以上の人では胃カメラが勧められます。

7）逆流性食道炎

日本人が脂っこい食事をとるようになり患者数が増加しています。みぞおち痛と胃酸の込み上げが特徴的な症状ですが、非典型的症状（げっぷ、のどの痛み、背中の痛み、２カ月以上続く慢性咳）のこともあります。チョコレート、柑橘類

（ミカン、グレープフルーツ）、トマト、アルコール、たばこ、高脂肪食、睡眠前の食事は症状を悪化させます。胃カメラでは50％しか診断できません。プロトンポンプ阻害薬が劇的に効きます。

8）心筋梗塞

高齢者、女性、糖尿病患者は心筋梗塞になっても、胸痛を起こさないことがあります。顎痛、みぞおち痛、背部痛、吐き気／嘔吐、倦怠感、息切れ、不眠が多くみられる症状です。

ポイント

- 痛みに波があれば消化管か尿管の痛み、持続的な痛みなら胸膜か腹膜の炎症を示す。
- 振動で響く限局的な持続的腹痛は腹膜炎を起こしている可能性があります。
- 赤い便や黒い便は消化管からの出血を示しています。

10 腰痛

❶どのような時に病院に行くべきか

急性腰痛症はぎっくり腰とも呼ばれます。成人の2/3は、一生の間に一度は腰痛を経験します。運転などの座位での仕事や運動不足は危険因子となります。80％の患者さんでは正確な診断がつきません（多くは疲労性腰痛と考えられます）。しかし、ほとんどは１カ月以内に自然によくなります。１カ月経過してもよくならない時、安静に寝ていても痛みがひかない時、尿や便を漏らしてしまう時は、すぐに病院を受診した方がよいでしょう。

❷腰痛の鑑別診断

重大な病気	よくある病気
がんの骨転移	疲労性腰痛
骨髄炎	圧迫骨折
硬膜外膿瘍	椎間板ヘルニア
腸腰筋膿瘍	腰部脊椎管狭窄症
腹部大動脈瘤破裂	慢性腰痛症

❸総合診療医はこのように診断する

腰痛にはレッドフラッグサイン（危険な兆候）があります。

腰痛のレッドフラッグサイン
・50歳以上
・がんの既往
・原因不明の体重減少
・長期のステロイド薬内服
・１カ月経ってもよくならない腰痛
・休息により改善しない、または悪化する腰痛
・尿や便を漏らしてしまう
・臀部がしびれる
・一側（または両側）下肢の筋力低下

これらの症状がある時には、感染症やがんが原因で重大な腰痛が起こっている可能性があります。これらレッドフラッグサインが明らかでない時は、椎間板ヘルニアや腰部脊椎管狭窄症など、よくある腰痛の原因を探りにいきます。

❹よくある病気／重大な病気の典型的な症状

1）圧迫骨折

高齢者（65歳以上）では明らかな外傷がなくても圧迫骨折を起こすことがあります。よくある圧迫骨折の原因は、尻もちをついての転倒ですが、軽いものを移動させたり（たとえば植木鉢の移動）、寝返り、または長時間の座位でも圧迫骨折は起こります。高齢者の急に起こった腰痛では、必ず圧迫骨折の可能性を考えなければいけません。

圧迫骨折が起こると、寝返りや起き上がりが非常に痛みを伴い困難になります。圧迫骨折は診断が難しく、よく見逃されます。腰の下部に痛みを訴えることも多いのですが、その場合でも必ず胸腰椎移行部とよばれる胸と腰の移行部分（すなわち12番目の胸椎、１番目または２番目の腰椎）のレントゲン写真を確認し圧迫骨折がないかを調べる必要があります。また、胸と腰の移行部の背骨を叩くと非常に痛がることが多くみられます。

2）椎間板ヘルニア

椎間板ヘルニアは、椎体と椎体の間のクッションである椎間板が後方に突出して、神経を圧迫することで起こります。症状としては、急激な腰痛と臥位で膝を伸ばしたまま下肢を上に持ち上げると、腰から大腿にかけて電撃痛が生じます。サドル部（自転車に乗る時にサドルがあたる部位）の知覚低下や、膀胱直腸障害、両下肢の筋力低下がある場合には、馬尾《ばび》症候群（脊髄神経末端の障害）を起こしている可能性があります。この場合には、迅速な整形外科または救急室受診が必要です。

椎間板ヘルニアでは急激に激しい腰痛が起こりますが、通常は非ステロイド性抗炎症薬の座薬を数日間使うことによってかなりよくなります。馬尾症候群や神経症状の悪化がなければ、1カ月は手術を行わずに様子を見るべきです。ベッドで安静にしていると回復が遅くなるので、日常生活は痛くてもなんとか行うようにした方がよいでしょう。

3）腰部脊椎管狭窄症

腰部脊椎管狭窄症とは、脊髄という神経の通る腰部脊椎管が加齢により狭くなる病気です。腰を伸ばすと腰痛が増し、両足を左右に少し開いた歩行となります。しばらく歩行すると、ふくらはぎが痛くなり休息しないと歩けなくなってしまいます。体のバランスを保つ脊椎後索が圧迫により障害されるため、目をつぶると体がふらつきます（洗面時に目をつぶると体がふらつくため、洗面現象と呼ばれます）。

腰を伸ばすと症状が悪化するため、階段を上るよりも下りる方がつらくなります。しかし、腰を曲げれば症状は軽くなるために、自転車に乗るのは苦痛ではなく、座ったり、スーパーのカートを押すような姿勢では、痛みは軽くなります。

4）がんの骨転移

1カ月以上続く腰痛や、がんの既往、50歳以上、安静時にも続く腰痛、体重減少がある場合には、がんの腰椎への転移を疑います。すぐに病院を受診した方がよいでしょう。

5）慢性腰痛症

神経根と呼ばれる脊椎から枝分かれする神経の根もとの障害、または解剖学的に明らかな異常はないのに慢性の疼痛《とうつう》が続くことがあります。不安障害やうつ病が60％に合併しているため、抗うつ薬が有効であることが多いです。

ポイント

- 腰痛の多くは原因がわかりませんが、1カ月以内によくなります。
- レッドフラッグサインがある腰痛は精密検査が必要です。
- 安静にしていると腰痛からの回復が遅くなるので、痛くても日常生活はできるだけ普通に行った方がよいでしょう。

11 関節痛

❶どのような時に病院に行くべきか

突然起こったひどい関節痛や関節の腫れ、および関節を触った時に関節と関節の間の筋肉に比べて明らかに熱を伴っている場合には、病院を受診するべきです。

両手を中心とした１ヵ月以上続く左右対称性の関節痛や関節の腫れ、１時間以上続く朝の手のこわばりがある時にも病院を受診してください。関節リウマチの可能性があります。手のこわばりとは、起床時に手を握ることができないほどの手のむくみです。

❷関節痛の鑑別診断

重大な病気	よくある病気
細菌性関節炎	ウイルス性感染症
敗血症	痛風／偽痛風
心内膜炎	関節リウマチ
血管炎	反応性関節炎

❸総合診療医はこのように診断する

一関節だけが腫れている「単関節炎」か、いくつもの関節が腫れている「多関節炎」かをまず区別します。急速に起こる「単関節炎」では、可能ならば関節液を注射器で抜き取り、細菌の感染による関節炎（化膿性関節炎）が起こっていないかどうかを調べます。膝関節ならば内科医でも容易に関節液を抜くことができます。

化膿性関節炎が起こっている場合、そのまま放置すると翌朝には致命的な機能障害を生じ、関節が曲がらなくなってしまうことがあります。染色や培養で化膿性関節炎が否定された場合には、関節液の中に結晶が含まれているかどうかを見ます。結晶性関節炎と呼ばれる痛風や偽痛風が代表的な疾患です。痛風では針状の、偽痛風では長方形の結晶が認められます。

いくつかの関節が腫れる場合は「多関節炎」です。鑑別診断としてはＢ型またはＣ型肝炎、パルボウイルス感染症、関節リウマチ、全身性エリテマトーデス（SLE）、痛風、偽痛風、脊椎関節炎（反応性関節炎、腸炎性関節炎、乾癬《かんせん》性関節炎、強直性脊椎炎）があります。血液検査を行い、関節炎の原因を探ります。

❹よくある病気／重大な病気の典型的な症状

1）パルボウイルス感染症

幼稚園に通う子どもを持つ母親に関節炎を起こします。子どもは「りんご病」と呼ばれ頬が真っ赤になりますが、その母親である主に30代の女性は、頬が赤くなることはなく、薄いレース状の湿疹や、手関節／足関節に関節痛を起こします。パルボウイルス抗体をチェックして確定診断を行います。

2）痛風

痛風は中年男性に多く、典型的には足の親指の付け根が急に真っ赤に腫れ痛みを伴います。痛風発作時に尿酸値を測っても、尿酸が高値でない確率は40％です。

痛風発作を起こした時には痛み止め（非ステロイド性抗炎症薬）を飲むか関節内にステロイド注射をしてもらうことが大切です。発作時に尿酸値を下げる薬を飲むと、尿酸値が変動するためにかえって関節の痛みが悪化します。痛風はアルコールの摂取や脱水で誘発されます。

3）偽痛風

高齢者が大きな内科疾患（たとえば肺炎や心筋梗塞）を患った後、または転倒や手術後に起こることが多い病気です。突然の発熱と、多くは膝関節の腫脹を引き起こします。非ステロイド性抗炎症薬を３日間飲むだけで、劇的によくなります。

4）関節リウマチ

早期発見が大切です。進行を止める非常に良い薬を使うことができるようになりました。100人に１人の割合で発症する、比較的多い病気です。左右対称性の指関節の腫脹や１時間以上続く朝の手のこわばりが特徴的です。パルボウイルス感染症やＣ型肝炎ウイルス感染症でも同様の症状を起こすことがあるので、通常は１～２カ月経過を見て治療を開始します。リウマチ内科、または整形外科の受診が勧められます。

CCP抗体という関節リウマチに特異的な抗体検査があり、それが陽性ならば関節リウマチの可能性は高くなります。炎症の原因となっているサイトカイン（TNF、IL-6）を標的とし早期に関節の炎症を抑えるような生物学的製剤や、メソトレキセートに代表される抗リウマチ薬が用いられます。

5）反応性関節炎

　腸の炎症や性感染症の後に続いて起こることが多くみられます。原因がまったくわからない時も半数あります。多くは下肢を中心とした左右非対称性の関節炎であり、足関節や膝関節が腫れることもあります。かかとの痛みや起床時の歩き始めに足裏に痛みを感じます。非ステロイド性抗炎症薬の内服でよくなることが多いのですが、改善がみられない時はリウマチ内科への受診が必要です。

ポイント

- 突然、一つの関節が痛くなり腫れてきた時は、化膿性関節炎、痛風、偽痛風を考えます。
- 1時間以上続く朝の手のこわばりや左右対称性の指関節の腫脹があれば関節リウマチの可能性があります。
- 腸炎や性感染症後の非対称性の下肢関節痛では反応性関節炎を疑います。

12　しびれ

❶どのような時に病院に行くべきか

軽いしびれでは病院に行く必要はありません。日常生活に大きな支障をきたさない慢性的な手足のしびれはよくみられます。原因の多くは末梢神経の圧迫と考えられます。しびれが持続、またはひどいしびれがある時には、整形外科または内科を受診すると原因がわかることがあります。

突然発症の片側性（たとえば右の上下肢）しびれに筋力低下や呂律障害を伴う場合は脳梗塞の可能性があるので、すぐに救急室への受診が必要です。肩や手のしびれ（左右どちらでもよい）が心筋梗塞の初期症状として起こることもあります。

❷しびれの鑑別診断

重大な病気	よくある病気
脳梗塞	糖尿病性神経障害
心筋梗塞	椎間板ヘルニア
ギランバレー症候群	手根管症候群 肘部管症候群 足根管症候群
	薬剤によるしびれ （特に抗がん剤）

❸総合診療医はこのように診断する

突然発症したしびれ、筋力低下は片側性ならば脳血管障害を、両側性ならば脊椎の疾患を考えます。さらにしびれのパターンに注目します。しびれが左右対称に足先や手先により強く生じる場合、多発神経炎と呼んでいます。原因として糖尿病が圧倒的に多く、それ以外に、ギランバレー症候群、アミロイドーシス、尿毒症、遺伝病であるシャルコー・マリー・トゥース病があります。

次に、多発性単神経炎という病態があります。これは、たとえば２カ月前に左手のしびれが出現、１カ月前からは右足がうまく動かなくなり、さらに１週間前からは、左下肢にしびれがでてきたというように、いろいろな部位に時間をおいて知覚障害や運動麻痺が起こるケースです。この多発性単神経炎が起こっていれば、血管炎や膠原病（SLE、関節リウマチ)、または糖尿病である可能性が高くなります。

❹よくある病気／重大な病気の典型的な症状

1）糖尿病性神経障害

糖尿病性神経障害はいろいろな症状を起こします。最も多い症状は足の裏から始まる両足のしびれです。しびれが膝の部分まで進行してくると、両手にしびれを生じるようになります。多発神経炎では、より長い神経の末端から障害が生じるためです。これ以外にも糖尿病性神経障害は、椎間板ヘルニアのように神経根を障害し下肢のしびれや突然の下腹部痛、腰痛を起こすことがあります。

また、自律神経障害が起こり、急にイスから立ち上がるとふらついたり、吐き気を起こすこともあります。さらに、微小な神経障害のため、両足のピリピリとした灼熱《しゃくねつ》痛を起こすこともよくあります。

2）ギランバレー症候群

ギランバレー症候群は、胃腸炎や風邪の１～２

週間後に起こる神経の障害です。神経の電気的な興奮を伝える電線（軸索）やその周囲をおおう絶縁シート（髄鞘）が誤って自分の免疫（抗体）により破壊されることが原因であると考えられています。

典型的には両下肢から症状は始まり、歩きにくくなり手に力が入らなくなります。手足のしびれや息苦しくなることもあります。これらの特徴を備えた進行するしびれがあれば、すぐに病院に行かなければなりません。病院では、背中から細い針を刺して脊髄液を採取し、脊髄液の性状を調べます（ルンバール）。ギランバレー症候群では細胞数の増加はありませんが、タンパクが正常よりもかなり上昇することが多くなります（タンパク細胞解離）。

3）椎間板ヘルニア

腰椎ヘルニアの多くは第５腰椎（L5）、第１仙椎（S1）で起こります。突然の腰痛と臀部から下肢に放散する痛みやしびれが起こります。つま先立ちができないこともあります。

4）手根管症候群／肘部管症候群／足根管症候群

末梢神経が圧迫されるために起こるしびれの中

では、手根管症候群は最も頻度が高いものです。手首の内側の神経が通るトンネルで正中神経が障害され、夜間にひどくなる第１～４指の痛みとしびれを起こします。手を振ると症状は楽になります。よく似た病気に肘内側の肘部管で尺骨神経が障害されて、薬指と小指のしびれを起こす肘部管症候群があります。足のしびれを起こす足根管症候群もあります。片方の足裏に生じるしびれなら、原因は内くるぶし（内踝）での末梢神経の圧迫と考えられます。きつい靴をはいていると起こります。整形外科で手術を受けると症状はよくなります。

5）薬剤によるしびれ

抗がん剤によるしびれが有名です。特にタキソール®とよばれる、乳がん、肺がんの治療で使用する薬では注意が必要です。

6）ビタミンB12欠乏症

胃がんのため、胃を全部切除し６年以上たった後や、萎縮性胃炎と呼ばれるヘリコバクター・ピロリ菌による胃感染症があると、ビタミンB12欠乏症になりやすくなります。両下肢のしびれや痛み、目をつむると倒れてしまうという特徴的な症状があり、洗面が非常に困難となります。検査では大球性貧血と呼ばれる大型の赤血球が認められる貧血を起こすこともあります。

7）シャルコー・マリー・トゥース病

この常染色体優性遺伝疾患は意外と多く、見過ごされていることがあります。家族内で発生する下肢のしびれ、両ふくらはぎの筋肉萎縮が特徴です。大腿の筋肉は保たれているため、下肢は逆シャンパンボトル型を示します。足の甲が高くなりハイアーチを形成することがあります。

ポイント

- 突然出現したしびれや筋力低下は、片側性ならば脳血管障害、両側性ならば脊椎疾患の可能性があります。
- しびれの分布部位は診断に重要です。
- 手のしびれでは手根管症候群と肘部管症候群の頻度が高いです。

13 発疹《はっしん》

❶どのような時に病院に行くべきか

38.0℃以下の発熱を伴う全身性の発疹があり、ひどい倦怠感や下痢、息苦しさを伴う場合には、すぐに病院に行くべきです。発熱＋発疹で致死的となる重大な病気は敗血症、髄膜炎、心内膜炎、重症薬疹（スティーブンス・ジョンソン症候群、中毒性表皮壊死症）、トキシックショック症候群です。

❷発疹の鑑別診断

重大な病気	よくある病気
血管炎	アトピー性皮膚炎
心内膜炎	汗疱《かんぽう》
トキシックショック症候群	ウイルス性感染症
重症薬疹	薬疹

❸総合診療医はこのように診断する

発熱と発疹を伴い、全身状態が悪い場合には、前述の鑑別診断を考えて特徴的な所見がないかを調べます。全身が真っ赤になるような皮疹（紅皮症）は、アトピー性皮膚炎、薬剤性皮膚炎、悪性腫瘍の可能性があり注意が必要です。

❹よくある病気／重大な病気の典型的な症状

1）アトピー性皮膚炎

アトピー性皮膚炎では幼少時から関節、首、体幹に、かゆみを伴う皮疹が出現します。症状がひどい場合にはステロイド軟膏を使用しクリームを塗って保湿に努めます。徐々にステロイドの量や強さは減らしていくことができます。夏場にシャワーを定期的に浴びないと、表面に感染を起こし、症状が悪化することがあります。ひどいアトピー性皮膚炎の場合には、皮膚科受診を強く勧めます。アトピー性皮膚炎にヘルペス感染症を合併すると、カポジ皮膚炎というひどい皮疹を引き起こします。

2）汗疱

手指（特に指の側面）、手掌、足の裏にみられる小さな水泡です。時にかゆみを伴います。原因は不明ですが２～３週間でよくなります。かゆみが強ければステロイドの塗り薬を使用します。

3）血管炎

下肢を中心に、やや盛り上がった紫斑を生じます。血管炎は血管の炎症です。倦怠感、肺病変、腹痛、腎障害を伴うことがあります。薬剤性で起こることもあります。多くはステロイドの全身投与が必要です。

4）心内膜炎

心臓の弁に細菌が付着すると持続的な感染症を起こし高熱が出ます。歯科処置後や、歯の衛生状態が悪い人に起こりやすく、特徴的な所見として、手や足に小さな皮下出血を起こします。血液を培養した後に強力な抗菌薬治療を開始します。

5）トキシックショック症候群

タンポン使用中の女性の膣粘膜または皮膚から黄色ブドウ球菌（連鎖球菌）が侵入して起こります。全身の皮膚が赤くなり（紅斑）、下痢、嘔吐、血圧低下を含めた、多臓器の障害が特徴です。発病後１～２週間の回復期になると手足の皮膚がめくれてきます。

6）重症薬疹

スティーブンス・ジョンソン症候群、中毒性表皮壊死症、薬剤性過敏性症候群が含まれます。薬剤により発熱と全身の皮疹を起こします。薬剤の中止が必要です。

ポイント

- 発熱＋発疹を起こす重要疾患には、心内膜炎、敗血症、トキシックショック症候群、重症薬疹があります。
- トキシックショック症候群では全身の紅斑、下痢、嘔吐、血圧低下を含めた多臓器の障害が特徴的です。
- 重症の薬疹にはスティーブンス・ジョンソン症候群、中毒性表皮壊死症、薬剤性過敏性症候群があります。

MEMO

第3章

患者さんから聞かれるよくある質問

1　自分はうつ病かもしれないと思うのですが？

うつ病を患っている患者さんは多くなりました。内科的な症状（倦怠感、頭痛、めまいなど）が前面に出てくることもあります（仮面うつ病）。大うつ病なら次の９項目のうち、①か②は必ず症状に含まれ、２週間以上毎日続きます。かつ９項目中５項目以上を同時期に満たします。

①日中（特に朝）抑うつ気分が続く。
②ほとんど毎日、何をしても楽しくなく興味がわかない。
③体重減少、または増加。
④不眠、または過眠。
⑤精神不安、または精神遅延。
⑥疲労、または行動力の低下。
⑦自分を価値のない人間と感じ、罪悪感をいだく。
⑧集中力の低下、または意思の決定ができなくなる。
⑨死について何度も考える、または自殺企図。

小うつ病ならば、９項目中２～４項目しか満たしません。

治療は３カ月間の休息が最も大切です。抗うつ薬も効果があります。自殺の可能性があるので病院を受診することが大切です。

2　もの忘れが激しいのですが認知症では？

認知症の診断にはいろいろな要素を考慮する必要があり、簡単に認知症があるかどうかは決められませんが、世界的に最も有名なテストに、ミニメンタルステート（mini mental state）検査があります。これを次に示します。合計点が21点未満では、認知症の可能性があります。

日本では従来、長谷川式簡易認知評価というものも、よく用いられています。

認知症の診断は、どのように認知能力が低下しているのか、その進行速度の早さ、それ以外の神経症状、たとえばパーキンソン病のような症状（表情のない顔つき、小刻み歩行、手のふるえ）、脳血管障害、感染症の有無、これらを総合的に評価して認知症の診断を行います。

MMSE検査

❶ 点／5点
- 今年は何年ですか □年
- 今の季節は何ですか □
- 今日は何曜日ですか □曜日
- 今日は何月何日ですか □月□日(2点)

❷ 点／5点
- この病院の名前は何ですか □病院
- ここは何県ですか □県
- ここは何市ですか □市
- ここは何階ですか □階
- ここは何地方ですか □地方

❸ 点／3点
物品名3個(桜、猫、電車)
《1秒間に1個ずつ言う。
その後、被験者に繰り返させる。
正答1個につき1点を与える。
3個全て言うまで繰り返す(6回まで)》

❹ 点／5点
100から順に7を引く(5回まで)

❺ 点／3点
3で提示した物品名を再度復唱させる

❻ 点／2点
- (時計を見せながら)これは何ですか
- (鉛筆を見せながら)これは何ですか

❼ 点／1点
次の文章を繰り返す
「みんなで、力を合わせて綱を引きます」

❽ 点／3点
(3段階の命令)
「右手にこの紙を持ってください」
「それを半分に折りたたんで下さい」
「それを私に渡してください」

❾ 点／1点
文章を読ませ指示にしたがわせる
「右手をあげなさい」

❿ 点／1点
「何か文章を書いて下さい」

⓫ 点／1点
「次の図形を書いて下さい」

― 検査方法 ―

❶
何年については、「平成何年ですか」と聞いても、OKです。正しい回答なら、言い直しても「正答」です。なお、日については、一日でも間違った場合は、誤答とします。

❷
病院の名前は正確な名称でなく、通称や略称でも正答です。

❸
「これから言う3つの言葉を覚えてください」と言った後、「桜、猫、電車」または「桜と、猫と、電車」と、1語ずつおよそ1秒間隔でいいます。最後に、「今覚えた3つの言葉を後でまた聞きますので、覚えて置いてください」と念を押してください。

❹
まず「100から7を引いて下さい」と聞きます。「93」と正解した場合は、「それからもう一度7を引いてください」と聞きます。この場合、「93から7を引いてください」とは聞かないでください。この質問の形で、7を連続5回引いてゆきますが、間違えた場合には、その時点で中止します。

❺
「先ほど覚えてもらった3つの言葉を、思い出してください」と聞きます。順番は問いません。また、「動物」、「植物」、「乗り物」などのヒントを与えても良いです。

❻
これは、健忘失語または視覚失認の有無をみるもので、身の回りのものなら、他のものでもよいです。

❼
1回のみで評価します。一つの言葉でも、言い間違えた場合は、誤答です。

❽
途中で混乱した場合、そこで指示を中止します。但し、耳の聞こえにくい人の場合、指示を繰り返すことは問題ありません。

❾
右手をあげた場合は正答ですが、左手の場合は誤答になります。また、「字が読めない」などとして実施しなかった場合にも、誤答です。

❿
自分の名前などでなく、一つの文章を書くように求め、正確に書けた場合に正答とします。

⓫
模写させます。5角形が2つ一箇所で交差していれば、正答とします。手指のふるえは無視してください。六角形は誤答です。

判定結果

27～30点	正常
22～26点	軽度認知症の疑いもある
21点以下	認知症の疑いが強い

長谷川式簡易認知症評価スケール

❶ お歳はいくつですか？
2年までの誤差は正解　正解＝１点、不正解＝０点

❷ 今日は何年の何月何日ですか？　何曜日ですか？
年・月・日・曜日　各１点ずつ、不正解＝０点

❸ 私たちが今いるところはどこですか？
（正答がないときは５秒後にヒントを与える）
自発的に答えられた＝２点、５秒おいて「家ですか？病院ですか？施設ですか？」の中から正しい選択ができた＝１点、不正解＝０点

❹ これから言う３つの言葉を言ってみてください。あとの設問でまた聞きますのでよく覚えておいてください。
以下の系列のいずれか１つで、採用した系列に○印をしておく。
系列１ ── a) 桜　b) 猫　c) 電車
系列２ ── a) 梅　b) 犬　c) 自動車
★正答できなかったとき、正しい答えを覚えさせる。
（３回以上言っても覚えられない言葉は横線で消す）
３つ正解＝３点、２つ正解＝２点、１つ正解＝１点、不正解＝０点

❺ 100 から７を順番に引いてください。（a に正解のときのみ b も行う）
a)100─7 は？　b) それから７を引くと？
不正解＝０点、正解（９３）＝１点、正解（８６）＝１点

❻ これから言う数字を逆から言ってください。（a に正解のときのみ b も行う）
a)6─8─2　　b)3─5─2─9
不正解＝０点、正解(２－８－６)＝１点、正解(９－２－５－３)＝１点

❼ 先ほど覚えてもらった言葉(❹の３つの言葉)をもう一度言ってみてください。★正答がでなかった言葉にはヒントを与える
自発的に答えられた＝２点
ヒント　a) 植物、b) 動物、c) 乗り物を与えたら正解できた＝１点、不正解＝０点

❽ これから５つの品物を見せます。それを隠しますので何があったか言って下さい。
１つずつ名前を言いながら並べ覚えさせる。次に隠す。時計、くし、はさみ、タバコ、ペンなど必ず相互に無関係なものを使う。５つ正解＝５点、４つ正解＝４点、３つ正解＝３点、２つ正解＝２点、１つ正解＝１点、全問不正解＝０点

❾ 知っている野菜の名前をできるだけ多く言ってください。
答えた野菜の名前を記入する。途中で詰まり、約１０秒待ってもでない場合にはそこで打ち切る。
正答数１０個以上＝５点、正答数９個＝４点、正答数８個＝３点、正答数７個＝２点
正答数６個＝１点、正答数０～５個＝０点

判定結果　30 点満点で、20 点以下のとき、認知症の可能性が高いと判断される。

認知症の重症度別の平均点　非認知症：24.3 点／軽度認知症：19.1 点／中等度認知症：15.4 点／やや高度認知症：10.7 点／高度認知症：4.0 点

3 夜、眠れないのですがどうすればいいですか？

不眠を改善するためにいくつかのアドバイスがあります。

①決まった時間に寝て、決まった時間に起きるようにする。
②昼寝はしない。
③眠くなければ、別の部屋で眠くなるまで読書をしたり、テレビを見てもよい。
④ベッドルームの時計は見えるところには置かない。
⑤午後２時以降にカフェインを取ったり、寝る前５時間以内にアルコールを取ることを避ける。コーヒー、紅茶、日本茶にもカフェインは含まれているので、午後２時以前の摂取が勧められる。
⑥毎日運動をする。しかし、寝る前４時間は激しい運動はせずに、音楽を聴いたりリラックスできるようなことを行う。

4 いつも眠たくてしかたないのですが……

絶対に居眠りしてはいけない大切な会議、車の運転中や信号待ちの時に、耐えがたい眠気に襲われ眠ってしまうような場合には、睡眠時無呼吸症候群（sleep apnea syndrome：SAS）が疑われます。睡眠時無呼吸症候群は、上気道が狭くなり夜間に気道が閉塞することにより起こります。首が太い肥満の人に多いのですが、肥満でなくてもあごが小さいために気道がふさがれ、睡眠時無呼吸症候群を起こすこともあります。

1）昼間の異常な眠気以外に、2）夜間のいびきがうるさい、3）夜間に何度も目覚めてしまう、4）眠れない、5）朝起きた時の頭痛、6）インポテンツ、などが睡眠時無呼吸症候群の特徴的な症状です。

また、何種類もの降圧薬を用いてもなかなか血圧が下がらない高血圧患者の半数は、睡眠時無呼吸症候群を合併しているとも言われます。また肥満患者に多くみられるため、高血圧や糖尿病など成人病を合併することも多くなります。

睡眠時無呼吸症候群が疑われる場合には、専門外来を受診することが勧められます。睡眠ポリソムノグラフィーで、睡眠中の眠りの深さや睡眠の質、および呼吸状態を測ることにより診断されます。

治療は、体重を減らしたり、飲酒量の制限、禁煙、およびCPAP（continuous positive airway pressure）という圧のかかった空気を睡眠中に気道に送り込む装置を用いて、上気道の閉塞を防ぎます。

睡眠時無呼吸症候群以外にいつも眠気を感じる疾患には、むずむず脚症候群や、うつ病による不眠、精神安定剤や抗精神病薬の副作用としての眠気、甲状腺機能低下症、反復性過眠症、ナルコレプシーがあります。

反復性過眠症とは、５日から４週間（平均10日間）の過剰な眠気、記憶障害、集中力の低下や錯乱が特徴的症状です。食事やトイレなどの日常生活は行われるが、異常な眠気のために、学校に行くことや仕事をすることができなくなります。また炭水化物や甘いものを好み、この眠気が続く間は性欲が亢進することがあります。欧米ではクライネ・レビン（Kleine Levin）症候群とも呼ばれます。睡眠障害の一種だと考えられていますが原因は不明です。20歳ごろまでに自然によくなることが多いようです。特に

10歳代の男児に好発します。

ナルコレプシーでは、日中突然の異常な眠気に襲われる発作が起きます。睡眠に陥る時に、悪夢を見たり、睡眠中に金縛りにあい体が動かなくなります。また、笑ったり感情が高ぶった時に、脱力発作を起こすという特徴があります。

日本では２％程度の人が、睡眠時無呼吸症候群ではないかと推定されています。エプワース眠気尺度が、日常生活における過度の眠気を評価するツールとして用いられます。合計得点が11点以上で、過度の眠気の存在を示唆します。

睡眠時無呼吸症候群の症状

●大きないびき

●起床時の頭痛

●眠っている間に呼吸が止まる

●日中の眠気
●集中力や記憶力の低下

●夜中トイレに起きる

●熟睡感がない
●抑うつ気分

通常の呼吸

気道が開いて、空気が肺に
自然に送られる

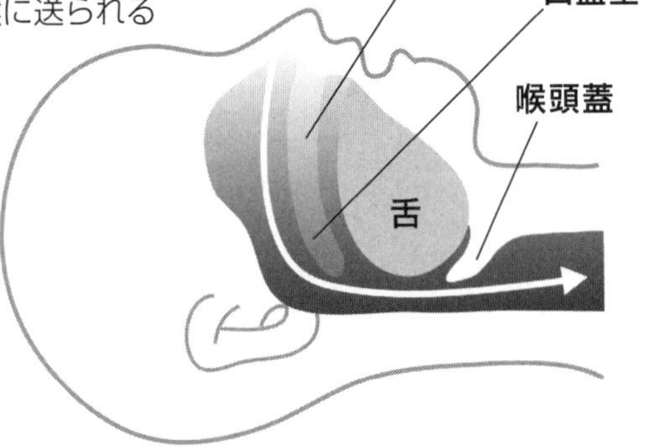

睡眠時無呼吸症候群

気道が閉塞し、空気の流れが
妨げられる

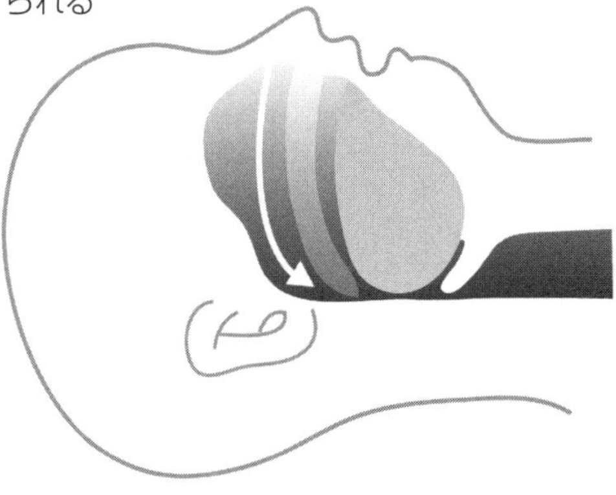

エプワース眠気尺度法（Epworth Sleepiness Scale）

状態 （どんな時に、眠ってしまいますか？）		結果（点数）			
		眠ってしまうことはない	時に眠ってしまう	しばしば眠ってしまう	だいたいいつも眠ってしまう
1	座って読書をしている時	0	1	2	3
2	テレビを見ている時	0	1	2	3
3	人の大勢いる場所で座っている時（たとえば、会議や劇場などで）	0	1	2	3
4	他の人の運転する車に、休憩なしで1時間以上乗っている時	0	1	2	3
5	午後に、横になって休憩をとっている時	0	1	2	3
6	座って人と話をしている時	0	1	2	3
7	飲酒せずに昼食後、静かに座っている時	0	1	2	3
8	自分で車を運転中に、渋滞や信号で数分間、止まっている時	0	1	2	3
合計　　点					

【診断結果】

合計点11点以上は、昼間でも眠気が強い（過眠）等の病的領域とされ、睡眠時無呼吸症候群（SAS）にかかっている場合は、治療を要するレベルと評価されています。

また、11点未満であっても、慢性的ないびきをかく人、睡眠時に呼吸が止まる人、日中頻繁に眠気を感じる人も、睡眠時無呼吸症候群（SAS）の可能性があります。

5 頭痛を軽くすることはできませんか？

病院を受診しなくてはならないほどの頭痛のほとんどは、片頭痛が原因です。次のことに気をつけましょう。

①規則正しい睡眠や、規則正しい食事をとるようにする（寝過ぎや空腹も片頭痛の誘因となる）。
②学校や仕事は、できる限り規則的に行くようにする。
③毎日運動を行い、適切に水分をとる。
④チョコレート、チーズ、赤ワインは片頭痛を誘発することがあるので、できるだけ避ける。
⑤カフェインを制限する（コーヒー、紅茶、緑茶に含まれる）。味の素などの人工調味料や人工甘味料は、なるべくとらないようにする。
⑥リラックスできるように音楽を聴いたり体操する。
⑦頭痛がひどくならないうちに、早めに鎮痛薬を飲むようにする。

6 立ち上がる時にフワッとしますが何か病気でしょうか？

これは起立性低血圧の症状です。65歳以上の20％にこの現象は起こりますが、10人に１人しか症状を感じていません。

立位では、下肢に500から1000mlの血液が貯留されます。このため、血圧や心拍出量が下がり、反射的に交感神経が興奮し（迷走神経の緊張は低下）、血管抵抗が上昇し血圧を維持しようとします。しかし、この反応がうまくいかないと、立ち上がった時に血圧が低下し脳への血流が不十分となります。起立性低血圧の症状は、起立時のめまいやふらつき以外に、失神、吐き気、頭痛、倦怠感、下肢の締め付け感、認知力低下、肩の痛みがあり、糖尿病やパーキンソン病、レビー小体型認知症、シェーグレン症候群では、この病気を起こしやすくなります。

起立性低血圧は、臥位から立位になった時に、最初の３分間で収縮期血圧が20mmHg以上、または拡張期血圧が10mmHg以上低下することを確認し診断します。

治療としては、まず原因となる薬剤を減量または中止します。降圧薬や利尿薬が原因となっていることがあるので、かかりつけ医にこれらの薬の調整をしてもらいます。抗うつ薬やアルコールもこの原因となります。特に朝に起立性低血圧は起こりやすいので、朝はゆっくりと寝床から起き上がるようにするとよいでしょう。力んだり、咳を続けたり、暑い時に外を歩くことを避けます。頭を10°から20°挙上して眠ります。塩分や水分を少し多めに取り、一度にたくさん食べないことと、炭水化物の摂取を減らすことが大切です。食事をして、すぐに立ち上がらないことも重要です。これらを注意すれば、かなりこのような立ち上がった時のふらつきが少なくなるでしょう。

失神を起こした場合には、すぐに病院を受診する方がよいでしょう。

7 どんな時に子どもを病院に連れて行けばいいですか？

小児の重大な病気は①けいれん、②急性喉頭蓋炎、③腸重積、④虫垂炎、⑤精巣捻転です。次の症状が当てはまる時には、すぐに受診が必要です。

①けいれん

発熱に伴う熱性けいれんはよく起こりますが、1）初回のけいれん発作、2）15分以上続く発作、3）同じ日に2回以上起こった発作、4）体温38.0℃未満でのけいれん、5）左右非対称のけいれん、6）けいれん後の麻痺や長引く意識障害があれば、すぐに救急室を受診しましょう。

②急性喉頭蓋炎

発熱、ひどいのどの痛みのため唾が飲めない、よだれ、呼吸困難、喘鳴（ヒューヒューという呼吸音）があれば救急室をすぐに受診するべきです。

③腸重積

生後4カ月から2歳くらいの乳幼児によく起こります。急に機嫌が悪くなる、周期的に激しく泣く、顔色が悪くぐったりと元気がなくなる、イチゴジャム様の血便が特徴です。

④虫垂炎

上腹部痛、吐き気/嘔吐から始まり、進行すると右下腹部痛、発熱、下痢などの症状が起こります。腹膜炎を起こし手術が必要となることがあります。

⑤精巣捻転

腹部と精巣をつなぐ精索がねじれて精巣が壊死に陥る病気です。下腹部のひどい痛みや吐き気が起こります。早期の手術が必要です。

日本小児科学会のWEBサイト「こどもの救急」(対象年齢:生後1カ月〜6歳)は、いま病院に行くべきか、それとも自宅で様子をみるべきかの指針となります(http://www.kodomo-qq.jp)。

8 いつもめまいがしますが悪い病気の前兆では？

１カ月以上続く、雲の上を歩いているような、または船に揺られているようなふわふわとするめまいは、心因性めまいである可能性があります。歩行は可能で、聴力の低下や耳鳴りは伴いません。小脳に出血や梗塞が起こると歩くことができなくなります。内耳（耳の奥にあるバランスを司《つかさど》る器官）に障害があると聴力低下や耳鳴りを生じます。心因性めまいは小脳や内耳に異常はなく、大きな病気の前兆ではないので安心できますが、残念なことに有効な治療薬があまりありません。ストレスや疲労によって起こると思われますが、原因が明らかでないこともあります。うつ病や不安障害を伴う人もいます。

片頭痛に関連するめまいもあります。頭痛とめまいは必ずしも一緒の時期に起こるわけではありません。片頭痛の特徴、1）頭痛時の吐き気、2）頭痛の時に光を見るとまぶしく感じる（光過敏）、3）仕事や家事ができなくて寝込んでしまう、があれば、頭痛の原因は片頭痛である可能性が高いのです。周りの景色がぐるぐると回るような回転性のめまい、ふわふわとする浮遊性のめまい、どちらも起こります。めまいの持続時間は、数分から時には24時間以上続くことも特徴です。また、めまいの時に光を見るとまぶしく感じるので、外出ができなくなることもあります。遊園地にあるコーヒーカップのような、くるくると回転する乗り物に乗ることが極めて苦手となります。若い片頭痛の女性の三分の一は、片頭痛関連性めまいが起こるとも言われています。このような頭痛とめまい症のある人では、片頭痛を起こさないような生活習慣がめまいを軽くします。

手に力が入らない、または手がしびれる、手が冷たい、胸が痛い、背中が痛い、首が痛い。このような症状に伴うめまいは、胸郭出口症候群によるめまいの可能性があります。胸郭出口症候群とは、鎖骨上部で、上肢に向かう神経（動脈、静脈）が圧迫されることによって起こります。ほとんどは腕神経叢《わんしんけいそう》と呼ばれる神経の圧迫症状です。電車やバスで吊革《つりかわ》にぶら下がったり、このような腕を上げるポーズを取ると、手がしびれます。特に腕の内側がしびれやすくなります。診断法の１つに、三分間上肢挙上試験があります。143ページのイラストのように両腕を上げ、90°に直角に肘を曲げ、「グッパー、グッパー」と両手を握ったり開いたりすることを繰り返します。正常では、3分間この動作を繰り返しても特に症状は出現しませんが、胸郭出口症候群の人では、この動作が上肢の痛みや疲れのためにできなくなってしまいます。

パニック症候群により、めまい感を起こす人がいます。パニック症候群の特徴的な症状は、1）突然の動悸、2）息が吸えないような苦しさ、3）「あ〜このままでは死んでしまう」という不安感が特徴的です。このような症状を伴うめまいの場合には、心療内科や精神科医師への受診が勧められます。

3分間上肢挙上試験

両腕を上げ、90°に肘を曲げ、「グッパー、グッパー」と
両手を握ったり開いたりすることを3分間繰り返す

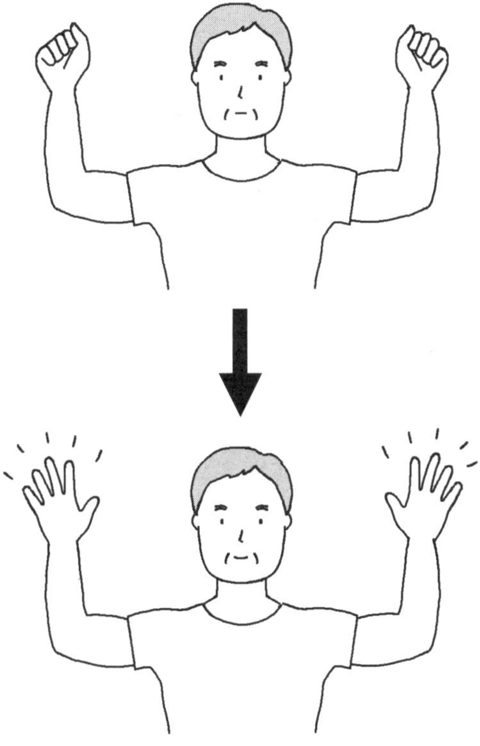

9 風邪をひいたらどうすればいいですか？

風邪をひくと①のどの痛み、②咳、③鼻水の3つの症状のうち2つ以上が生じます。ほとんどはウイルスによる感染症であり抗菌薬は効きません。通常のウイルス感染症ならば、10日以内に治ってしまうことがほとんどです。好みに応じて市販の風邪薬（この多くには解熱鎮痛薬や鼻水を抑える成分が含まれています）を飲み、数日間休息を心掛ければ自然に回復します。

風邪様の症状でも、14日以上にわたって症状が続く場合には、病院での精密検査が必要です。風邪とよく似た病気に伝染性単核球症があります。EBウイルスやサイトメガロウイルスによって起こります。大人になってはじめてこれらのウイルスに感染すると、発熱、咽頭痛、頸部リンパ節腫脹、脾腫、皮疹が起こります。血液検査では異型リンパ球という若いリンパ球が出現し、肝機能が悪くなります。発熱はかなり高く39.0℃以上が数週間続くこともあります。解熱鎮痛剤を定期的に内服することにより

３～４週間で症状は治まってきます。

風邪の３つの症状（のどの痛み、咳、鼻水）のうち１つしかなければ風邪らしくありません。たとえば、のどの痛みだけならば、それは急性扁桃腺炎かもしれません。唾液すら飲み込めないほどの強い咽頭痛があれば、すぐに救急室を受診しなければなりません。急性喉頭蓋炎という窒息を起こす恐ろしい病気の場合があるからです。また咳だけが続く場合には肺炎のこともあります。鼻水だけが主な症状の場合には副鼻腔炎（蓄膿症）やアレルギー性鼻炎の可能性が高くなります。

のどの痛みを起こす咽頭炎の中には溶血連鎖球菌（溶連菌）による溶連菌性咽頭炎があります。適切な治療をしないと心臓弁膜症や腎炎を起こします。溶連菌性咽頭炎の診断にはCentorの診断基準というものがあります。

①発熱
②のどの白い膜（扁桃白苔）
③圧痛を伴う前頸部リンパ節腫大
④咳なし

この４つの基準のうち４項目以上を満たせば、溶連菌性咽頭炎として抗菌薬ペニシリンによる10日間の治療が望まれます。２～３項目が陽性なら診断が不確かなので、咽頭ぬぐい液による溶連菌迅速診断テストの結果で抗菌薬の投与が行われます。０～１項目しか当てはまらなければ抗菌薬を飲む必要はありません。

10 熱があれば 抗菌薬は飲んだ方がいいですか？

多くの発熱は、風邪すなわちウイルス性疾患です。風邪の症状は鼻水、咳、のどの痛みの3つです。この3つの症状がまったくないか、1つしかない場合は風邪ではありません。風邪ならば少なくとも2つの症状が存在します。これらのうち2つ以上の症状があれば、ほとんどのケースではウイルス感染症による風邪なので、抗菌薬を飲む意義はまったくありません。安易な抗菌薬の内服は、耐性菌を増やし非常に大きな害となります。

小児では、解熱薬の投与に対して否定的な小児科医が多くいます。すなわち、発熱とは、体が病原体に対して適切な反応を示しているものであり、あえて熱を下げる必要はなく、発熱することによって、病原体の増殖を抑えているからというのがその根拠です。

16歳以上では、38.0℃を超える場合には解熱鎮痛薬（アセトアミノフェンまたは非ステロイド性抗炎症薬）を使ってもよいと私は考えています。解熱鎮痛薬を使うことにより、痛みや発熱が減り楽になります。ただし4時間の間隔をあけて飲むべきです。もし2回続けて解熱鎮痛薬を飲んでも38.5℃以上の発熱が続く場合、または全身倦怠感や咳、下痢といった発熱以外の症状がひどい場合には病院の受診が勧められます。

毛布をかぶってもガタガタと体全体の震え（悪寒戦慄）を起こす時、意識がぼ〜としている時は、敗血症（血液の中に細菌が侵入すること）の可能性があります。このような場合は、すぐに病院での検査と治療が必要です。

高齢者では敗血症の原因としては肺炎と尿路感染症が多くみられます。肺炎ならば数日間にわたる咳と黄色い痰がでます。尿路感染症（腎盂腎炎）なら39.0℃を超える発熱、腰痛、全身の強い倦怠感、吐き気／嘔吐を伴うことが多いのです。中途半端に抗菌薬を飲むと原因菌がわからなくなるので、抗菌薬は飲まずにすぐに病院に行ってください。

11 背中が痛いのですがよい方法はないですか？

胸痛を伴う突然のひどい背部痛、および冷や汗が出るような痛みの場合には、すぐ救急車で病院に行かなければなりません。大動脈という、心臓からでる最も太い動脈に裂け目が生じることがあるからです。この疾患を大動脈解離と呼びます。そののち腰が痛くなったり、下肢のしびれや下肢の筋力低下、失神を起こすこともあります。すぐに治療をしなければ死に至る怖い病気です。

大きく息を吸った時に背中や胸が痛む場合には、胸膜刺激痛といい、肺をつつんでいる胸膜に炎症がある可能性があります。胸膜刺激痛の原因となることが多い病気は肺炎です。若い男性の突然の胸痛、または背部痛の場合には、気胸を起こしていることがあります。気胸はひょろひょろとしたやせ型の男性に起こることが多いのが特徴です。体をひねったり、曲げたりする時に背中が痛い場合には、筋肉や骨の病気の可能性が高いと思われます。仕事や運動、外傷により背中を痛めたことがなかったかどうかを考えてみましょう。

慢性的に肩甲骨の内側が痛い場合には、逆流性食道炎を起こしていることがあります。逆流性食道炎では、胃から食道に胃酸が慢性的に逆流するために食道が炎症を起こします。胃と食道の間にある平滑筋の収縮により通常胃酸は食道に逆流しないようにできていますが、肥満、喫煙、脂肪分の多い食事、寝る前の食事、チョコレート、かんきつ類、アルコール、コーヒー、タマネギ、薬物（カルシウム拮抗薬、亜硝酸薬、非ステロイド性抗炎症薬）は胃酸の逆流を起こしやすくします。背部痛以外にも、胸やけや心窩部痛、胃酸の込み上げ、慢性の咳、かすれ声、慢性の咽頭痛も生じることがあります。逆流性食道炎の治療は、まず前述の食生活の改善、減量、禁煙です。プロトンポンプ阻害薬という薬が特によく効きます。

12 肩が痛くて腕が上がらないのですが……

肩の痛みはかなり頻度の高い症状であり、一般外来を訪れる人の約20%を占めます。原因としては、外傷、作業による肩の長年にわたる酷使、若い人ではスポーツにより、肩を頻回に使用することで起こります。物を持ち上げる、肩より上に上肢を挙上、押したり引いたりの作業、コンピュータをよく扱う仕事でも起こります。

他人に痛い側の上肢を持ってもらい、他人の力で腕を上げた時に肩に痛みを感じなければ、これは肩関節そのものの痛み（関節炎）よりは、肩関節周囲の筋肉や腱《けん》に障害が生じていることを意味します（関節周囲炎）。図のように、Hawkins（ホーキンズ）テストやNeer（ニア）テストで痛みが誘発される場合には、棘上《きょくじょう》筋のインピンジメント症候群である可能性が高く、ドロップアームテストで腕を頭の上に挙上させ、ゆっくりと側方に戻していく時に、90°で突然腕が落下すれば、棘上筋の断裂が疑われます。Yergason（ヤーガソン）テストで、肘を90°屈曲したまま、抵抗に逆らって肘を回外させた時に痛みが生じれば、上腕二頭筋炎です。

また40歳から60歳代の女性に多い病気に、石灰沈着性腱炎という病気があります。突然の非常にひどい肩の痛みを生じ、夜も寝れないぐらいひどくなります。これは腱板の中で石灰化が起こり、それに伴う周囲への急性炎症反応により痛みが生じる病気です。肩の皮膚が赤く腫れていることもあります。レントゲン写真を撮ることにより石灰化が見つかり診断されます。

従来、「五十肩」と言われた病気の中には、インピンジメント症候群や石灰沈着性腱炎が多数含まれていたと考えられます。明らかな原因がない肩の痛みと運動障害を、凍結肩（狭義の五十肩）と呼んでいます。痛い側を下にして、側臥位で寝ると症状が悪化することがあるので気をつけてください。

治療は、非ステロイド性鎮痛薬の内服や、関節内へのステロイド注入、リハビリ運動が選択されることが多く、痛みがひどい時には、整形外科の受診をお勧めします。

まれではありますが、肩の痛みが心筋梗塞の関連痛であることもあります。右（または左）、両側の肩の痛みが突然生じた場合には、心筋梗塞の症状で

Hawkinsテスト

患者の肩と手首に手を置き、患者の肩、肘屈曲位90°から内旋させ、痛みが出るか評価する。

Neerテスト

患者の肩甲骨を固定しつつ、腕を上にあげていき、痛みが出るか評価する。

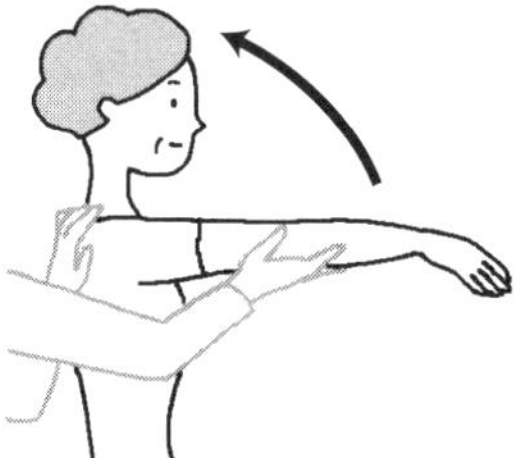

Drop Armテスト

患者の手首を持ち、肩関節を90°まで外転する。検者はその手を離し、患者が手をゆっくり降ろすことができるか評価する。

Yergasonテスト

患者は肘関節を90°に屈曲する。検者は患者の手首を外側へ引く。患者は検者に抵抗し内側方向へ力を入れ痛みが出るか評価する。

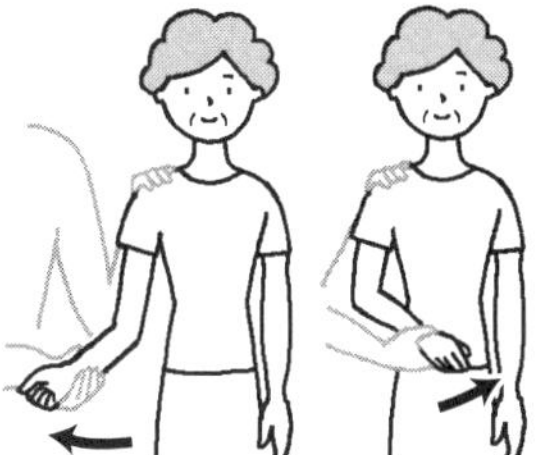

ある胸痛、冷や汗、息切れ、倦怠感、吐き気、胃の痛みなどがないかどうかを考えてみましょう。糖尿病や高血圧、喫煙者では、心筋梗塞を起こす頻度が高いので、すぐに病院を受診し、心電図を取ってもらうことが望ましいでしょう。

インペンジメント症候群

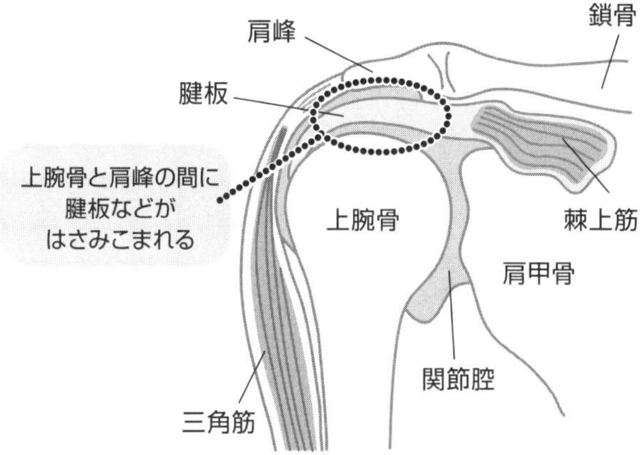

上腕二頭筋腱炎

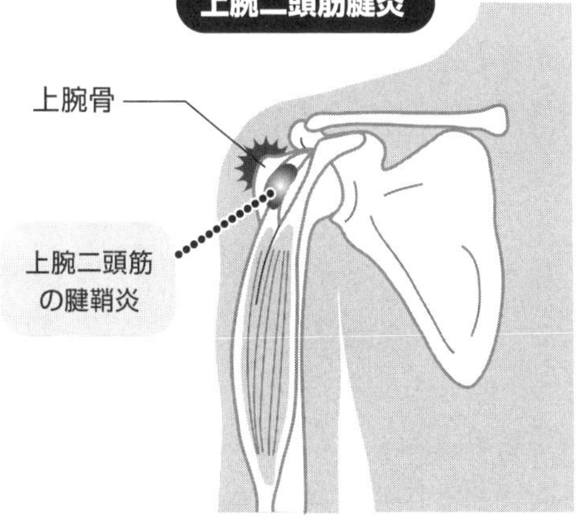

13 便が黒いのですが怖い病気では？

海苔の佃煮のような真っ黒な便が出る時には、消化管出血を起こしている可能性があります。胃や十二指腸から出血を起こすと、胃酸により血液が変性し、便は黒色となります。特に、胃や十二指腸からの出血（上部消化管出血）では大量出血のため、急に血圧が下がり死亡することがありますので、すぐに病院に行かなければなりません。輸血が必要なこともあります。貧血がある時の症状は、運動時の息切れや動悸です。胃がんでは体重減少や上腹部痛が起こります。胃潰瘍では食後30分～１時間ぐらいしてからの胃の痛み、十二指腸潰瘍では空腹時の胃の痛み（牛乳を飲むと少し痛みが和らぐ）という症状が特徴的です。

真っ赤な血を吐くような場合（吐血）も緊急事態ですので、すぐに救急車で病院に向かわなければなりません。吐血の原因として多いのは、肝硬変に伴う食道静脈瘤破裂、アルコール飲用後の頻回の嘔吐に伴う食道と胃の間の粘膜の亀裂による吐血（マロリー・ワイス症候群）です。

下血、すなわち便に真っ赤な血が混じる場合も、病院に行き、検査を受けるべきです。痔からの出血ならば、それほど緊急性はありませんが、大腸がんや炎症性腸疾患（クローン病、潰瘍性大腸炎）、大腸憩室炎、虚血性腸炎、動静脈奇形のことがあります。

14 便秘で困っています。解消法を教えてください

テレビコマーシャルや雑誌の過剰な宣伝によるためと思われますが、毎日便が出ないと異常であると思っている人は多いようです。便の回数は１日３回まで、週に３日以上あれば、正常です。すなわち３日に一度便が出れば問題はありません。若い女性の多くは、便秘の原因が過敏性腸症候群（便秘型）の可能性があります。過敏性腸症候群とは、10人に１人の高頻度で起こる疾患で、便秘型、下痢型、混合型、分類不能型に分類され、20歳から40歳の女性に多いのが特徴です。何を隠そう、私もそうです。

最新の Rome Ⅲ診断基準では、６カ月以上前から症状があり、過去３カ月間は月に３日以上にわたって、次の項目の２つ以上がある場合に過敏性腸症候群と診断されます。

①排便により症状が軽減する。
②発症時に排便頻度の変化がある。
③発症時に便形状（外観）の変化がある。

便形状には、ウサギのフンのようなコロコロ便、泥状便、水様便があります。

50歳以上では、便秘の原因として怖いのは大腸がんです。体重減少や便潜血陽性、下血（赤い便）、大腸がんの家族歴、睡眠を妨げるような腹痛がある場合には、大腸がんを含めた精密検査が必要です。また、甲状腺機能低下症や糖尿病、抗精神病薬の内服、腸閉塞、脱水、高カルシウム血症によっても便秘は起こります。

治療としては、便秘の原因となる疾患の治療、水分の十分な摂取、規則正しい運動、食物繊維の摂取が大切です。3日以上便が出ない時には下剤を服用してもよいのですが、頻回に下剤を服用すると難治性の便秘となることがあるので気をつけましょう。

15 膝が痛くて困っています

突然、片方の膝が痛くなり腫れてきた場合には、すぐに病院を受診しなければなりません。外傷では関節内に出血を起こすことがあります。また、まれではありますが血友病《けつゆうびょう》による関節内出血も起こります。

関節腫脹は、細菌による感染や結晶性関節炎（痛風、偽痛風）、変形性関節症で多く起こります。細菌性関節炎はそのままにしておくと関節が拘縮《こうしゅく》し、動かなくなってしまうので、すぐに治療が必要です。通常は入院し抗菌薬の点滴を受けることになります。膝関節は容易に穿刺《せんし》を行うことができるので、膝関節液を抜き関節液の中に細菌がいないかどうかグラム染色で確かめ細菌培養を行ないます。同時に、その関節液の中に結晶がないかも調べます。痛風ならば針の形をした結晶、偽痛風ならば四角い結晶が見られます。さらに膝関節のレントゲン写真を撮ると、偽痛風では関節と関節の間に膜様の石灰化を起こしているのが見つかることがあります。

変形性関節症は、高齢者に多い疾患です。何度も繰り返し起こす膝関節炎があり、膝関節の内側を押さえると、外側よりも強い痛みを訴えます。そのままにしておくと、O脚（がに股）になります。体重が多い肥満の人によく起こります。治療は、まず減量で膝への負担を軽くすることです。杖を使用したり、大腿四頭筋を鍛えるトレーニングや、非ステロイド消炎鎮痛剤、グルコサミン、コンドロイチンの内服や、膝関節内へのヒアルロン酸の注入が行われます。

膝関節の構造

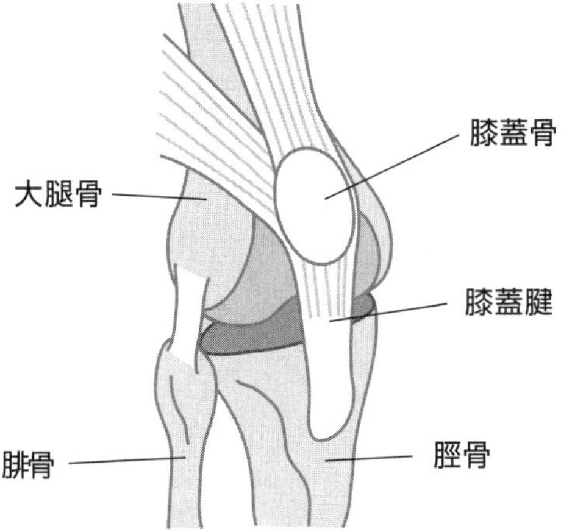
膝蓋骨
大腿骨
膝蓋腱
腓骨
脛骨

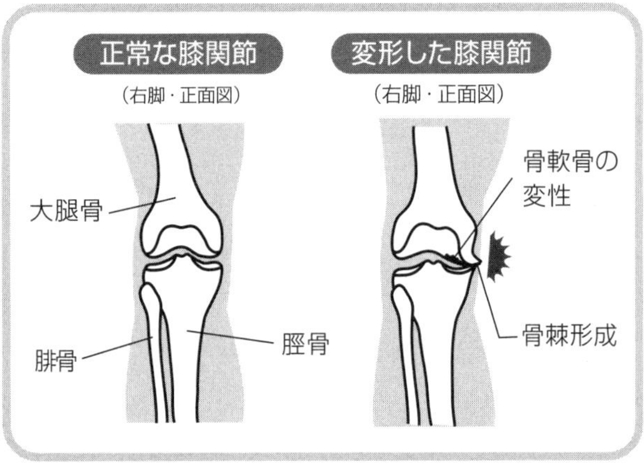
正常な膝関節
（右脚・正面図）
変形した膝関節
（右脚・正面図）
大腿骨
腓骨
脛骨
骨軟骨の
変性
骨棘形成

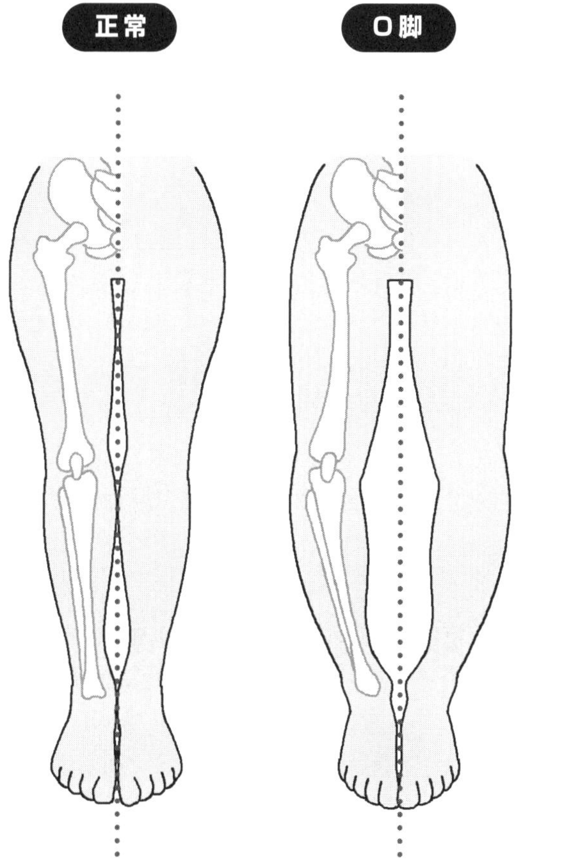
正常
O脚

16　転んだら立てなくなりました

高齢者が転倒し、足の付け根を痛がっている場合には、大腿骨頸部骨折を起こしている可能性が高いと考えられます。大腿骨頸部骨折では、骨折を起こした方の下肢は短縮し、やや外旋しているので、足の向きを見るだけで診断できることが多いのです。レントゲン写真を撮り診断を確定します。

高齢者の転倒後の腰痛は、ほとんどのケースは脊椎圧迫骨折です。圧迫骨折を起こすと、起き上がることができなくなります。腰の下部を痛がっていても、胸腰椎移行部とよばれる腰の上の方で、骨折を起こしていることが多いです。

転倒後に歩けなくなったり、腰が痛くて起き上がれなくなったりした場合には、すぐに病院を受診し、レントゲン写真を撮ってもらう必要があります。

転倒することによって、高齢者は寿命が著しく短くなってしまいます。転倒後のベッド上安静により筋力が低下したり、誤嚥性肺炎を起こすからです。一回の転倒で命を縮めるので、家族は十分注意して高齢者を見守らなければなりません。

17 足がムズムズします。よい対処法はありませんか？

これは「むずむず脚症候群」です。この病気は、約５％の人に見られ、非常によくある疾患です。休んでいる時や、寝ようとしている時に、なんともいえない、足がムズムズするような違和感があります。足を盛んに動かしたり、立ち上がって歩くと、この症状はすぐに消失します。

原因は不明ですが、鉄欠乏性貧血や、腎機能障害、糖尿病、関節リウマチ、妊娠に合併することが多いようです。足が勝手に動く、「ぴくぴく脚症候群」を合併することもあります。

鉄欠乏性貧血のある時には、鉄剤の補給だけでよくなることがあります。基礎となる原因が明らかでない場合には、パーキンソン病治療薬であるビ・シフロール®を寝る前に内服することで、症状は劇的に改善します。

18 やはりタバコはやめた方がいいでしょうか？

喫煙により、肺がんはもちろんのこと、食道がんや膵がん、咽頭がん、喉頭がん、子宮頸部がんを起こすことはよく知られています。また、心筋梗塞や脳梗塞の重要な原因である動脈硬化を促進させます。さらに肺気腫や慢性気管支炎とも呼ばれる慢性閉塞性肺疾患（COPD：chronic obstructive pulmonary disease）を引き起こします。喫煙は喫煙者本人だけではなく、同居をしている妻や子どもなどの家族にも大きな影響を与えます。夫の喫煙により、妻の肺がんの発生率は上昇します。適度な量の飲酒は寿命を延ばすという報告はありますが、喫煙は必ずやめるべきです。

現在では大きな病院や診療所に、禁煙外来が設けられていることが多くなっています。禁煙外来では、専門のドクターやナースから禁煙のためのアドバイスや治療を継続的に受けることができます。ニコチンパッチよりも効果の優れた、チャンピックス®という薬剤を使うこともできます。チャンピックス®の最も多い副作用は吐き気で、約30％に生じます。

19 検診は受けた方がいいですか？

死亡率を有意に下げるエビデンス（証拠）があるものは次の項目です（U.S. Preventive Services Task Force：http://www.uspreventiveservicestaskforce.org/recommendations.htm）。

検査項目	対象年齢	実施期間
便潜血反応	50歳以上の男女	毎年
大腸ファイバー	50歳以上の男女	10年毎
マンモグラフィー	40歳以上の女性	1～2年毎
子宮頸部スメア	21～65歳の女性	1～3年毎

それ以外の検査については、死亡率を改善するというデータがありません。前立腺特異抗原（PSA）の測定については賛否両論があり、結論が出ていません。必ずしも長生きをさせない手術の合併症により、インポテンツや尿失禁となる可能性も高いのです。

症状がある場合には話は別です。日本人に多いがんの早期症状と危険因子は次のとおりです。

胃がんの早期症状

●体重減少
●50歳以上で胃がもたれる、または胃痛あり
●黒色便

大腸がんの早期症状と危険因子

●体重減少
●便が細くなった
●黒色便、または血便
●大腸がんの家族歴

肺がんの早期症状と危険因子

●体重減少
●血痰
●慢性の咳
●喫煙者

20 がんは予防できるのですか？

独立行政法人　国立がん研究センターがん対策情報センターのがん情報サービス（http://ganjoho.jp/public/pre_scr/prevention/evidence_based.html）は科学的根拠に基づいて次の提案を行っています。

日本人のためのがん予防法

喫煙	たばこは吸わない。 他人のたばこの煙をできるだけ避ける。
飲酒	飲むなら、節度のある飲酒をする。
食事	食事は偏らずバランスよくとる。 ＊塩蔵食品、食塩の摂取は最小限にする。 ＊野菜や果物不足にならない。 ＊飲食物を熱い状態でとらない。
身体活動	日常生活を活動的に過ごす。
体形	成人期での体重を適正な範囲に維持する（太りすぎない、やせすぎない）。
感染	肝炎ウイルス感染の有無を知り、感染している場合はその治療の措置をとる。

21 たくさん薬を飲んでいますがだいじょうぶでしょうか？

ポリファーマシーとは、医者がいくつかの薬を同時に投与することです。高齢者で、いくつかの病院または診療所を受診している人に多く見られます。５種類以上の薬を飲むと、それぞれの薬の相互作用により、体内でどのような反応が起こっているのかわかりにくくなります。

心筋梗塞後やたくさんの内科疾患を抱える人の場合、どうしてもたくさんの薬が必要なケースはありますが、一般的にはできるだけ薬は少なくした方がよいのです。

米国では薬剤有害反応による入院のほぼ半数は80歳以上であり、入院患者の66％は意図的でない過剰服用が原因との報告があります。最も多い原因は①抗凝固薬（ワーファリン®）、②インスリン製剤、③抗血小板薬（バイアスピリン®、プラビックス®）、④経口血糖降下薬でした（N Engl J Med.365:2002,2011 ）。

多くの診療所を受診する場合には、それぞれの診療医は患者がどれだけの薬を他院からもらっているのか、十分理解していないことも多いものです。また、現在の医療費の請求は薬や検査の数が多ければ多いほど儲《もう》かる仕組みになっているので、これらのことがポリファーマシーを起こしやすくします。健康食品やサプリメントのすべてが害を起こすわけではありませんが、サプリメントの内服により、肝機能障害や発熱、皮疹を起こす人が時々います。これらの症状が出る場合には、すぐに服用を中止しなくてはなりません。次によく使われる薬剤の代表的な副作用を紹介します。

抗凝固薬(ワーファリン®)
抗血小板薬(バイアスピリン®、プラビックス®など)

胃や腸からの出血を起こす。

インスリン
経口血糖降下薬(オイルグルコン®、アマリール®など)

低血糖を起こす。低血糖の症状は冷や汗、動悸、異常行動、意識障害である。

非ステロイド性抗炎症薬（ロキソニン®、ボルタレン®など）

いわゆる解熱鎮痛薬であるが、腎臓機能の悪化や、心不全の増悪、消化性潰瘍を起こすことがある。また、アスピリン喘息がある患者には喘息を引き起こす。特に高齢者では1カ月を超える長期間の服用は、これらの副作用を起こす可能性が高い。

市販の風邪薬

市販の風邪薬に含まれている抗ヒスタミン薬は、高齢者では時にせん妄を引き起こすことがある。せん妄とは、高齢者が急に暴れ出したり、大声をあげたり、認知機能が変化する状態である。

睡眠薬（マイスリー®、リスミー®、ロヒプノール®など）

睡眠薬と精神安定剤の多くは、ベンゾジアゼピン系と呼ばれる薬物である。この代表的な副作用は「持ち越し効果」と呼ばれ、夜間トイレに行こうと立ち上がった時に転倒を起こすことがある。

また記憶障害や筋力の低下、反跳性不眠症、早朝不眠、呼吸抑制なども生じる。高齢者の転倒は大脳頸部骨折や圧迫骨折を起こし、寝たきりや誤嚥性肺炎などの合併症を生じ死亡率を高める。特に80歳以上の高齢者の転倒後の死亡率はかなり高いので、半減期が長い（効き目が長い）睡眠薬の使用は危険である。

22 ケガしちゃった時はどうすればいいですか？

血流が多い頭、顔、手のケガはかなり出血が多くなります。しかし、慌てることはまったくありません。落ち着いてティッシュペーパーを用いて10分間出血しているところを強く押さえましょう。たいていはこれだけで出血は止まります。この時に腕や指を根元から紐や輪ゴムでしばることは絶対にしてはいけません。血液が通わなくなり組織がダメージを受けるからです。とにかく出血している所を上から圧迫すること。血が止まらなければ、ティッシュペーパーで強く押さえたまま病院に直行すればよいのです。

自転車で転倒し大きくすりむいた場合は、まず洗浄します。普通の水道水を用いてください。少し痛いですが、流水でよく洗い砂などの不潔なものをしっかり洗い流すことが、後の感染を防ぐことになります。傷にはワセリン軟膏（薬局で安く購入できます）を塗りガーゼで傷面を覆います。泥がついたような汚い傷の場合、病院では破傷風予防のワクチンを打つことがあります。よく洗えば、基本的には消毒薬や抗菌薬は必要ありません。

ケガで感染を起こしやすいのは、釘を踏みつけ靴底を貫通した釘が足に刺さったとか、犬や猫に咬《か》まれたケースです。

よく医学生に聞く質問に「次のうち最も汚いケガはどれか。①犬に咬まれた、②猫に咬まれた、③彼女に咬まれた」があります。答えは③彼女なのです。人間の口の中はとても雑菌が多いのです。喧嘩をして相手の顔面を殴った時に相手の歯で手を切ったという場合は手の腱に沿って感染が広がります。毒蛇（マムシ、ヤマカガシ）に咬まれた時はすぐに病院に行きましょう。傷口から毒を吸い出したり、腕や指をしばることは効果がないのでしない方がよいでしょう（N Engl J Med. 347:347, 2002)。

やけどをした場合はとにかく冷やすことが大切です。冷やすことにより病変が周囲に広がるのを防ぎます。最低20分間は水道水で患部を冷やすのがよいでしょう。その後、水道水と石けんで洗浄しワセリン軟膏を塗りガーゼで傷口を保護しましょう。痛みがひどい時や直径５cm 以上のやけどの場合は、病院での処置が望ましいでしょう。

23 車の運転を続けてもだいじょうぶでしょうか？

年をとって、車の運転に不安を感じている方も多いと思います。そんな方には、次ページのAmerican Medical Associationが提案するチェックリストがあります。もし、一つでも当てはまるなら運転を続けることは困難だと思われます。家の近所だけ運転するならだいじょうぶというのも正しくありません。家の周りは子どもの飛び出しや、一方通行、人通りの多い場所があり、より危険である可能性があります。

私は安全なドライバーですか？

- □ ドライブの途中で道に迷いました
- □ 友人や家族に運転はだいじょうぶと心配されました
- □ 他の車が知らないうちに近づいてきます
- □ 道路標識をすぐに正しく読み取ることができません
- □ 他のドライバーの運転は速すぎる
- □ 他のドライバーにクラクションをよく鳴らされる
- □ 運転はストレスだ
- □ 運転の後は疲れる
- □ 最近、よくニアミスを経験する
- □ 交通量の多い交差点は嫌だ
- □ 右折は神経を使う
- □ 近づいてくるヘッドライトがまぶしい
- □ 服用薬のせいで眠たい
- □ ハンドルを回すのが困難である
- □ アクセルまたはブレーキを踏むのが困難
- □ バックする時に肩越しに後方を確認するのが困難
- □ 最近、ドライブ中に警察に停止するように言われた
- □ 誰も車に乗せてと言わなくなった
- □ 夜間のドライブは嫌だ
- □ 最近、駐車がより難しくなった

Am I a Safe Driver?（American Medical Association 2003）

24 インフォームドコンセント(IC)って何ですか？

病院で検査や治療を受ける時に、インフォームドコンセントという説明を受けます。患者さんの権利を守るため、医師には検査や治療を行う場合に患者さんや家族に十分な説明をすることが求められています。

インフォームドコンセントは3つの要素から成り立っています。

①提案された治療を理解している
②提案された治療以外に、別の選択肢があることを理解している
③提案された治療と別の選択肢のいずれのリスクと利益を理解している

納得ができなければ、何度でも主治医に説明を求めてください。紙に書いて説明してもらうと、自宅に帰ってから家族に説明の内容を伝える時にとても役立ちます。

25 適切な血圧やコレステロールの値はいくつですか？

【血圧】

血圧の目標は140/90mmHg以下です。糖尿病や慢性腎障害がある人では、さらに厳しく130/80mmHgが目標となります。自宅用に血圧計を購入し、5分間くらい横になり安静を保ってから血圧を測定してください。病院での計測は緊張のため、血圧が高くでる傾向があります。購入する血圧計は上腕で布を巻くタイプの物がお勧めです（指先や手首での血圧測定は不正確です）。朝起きた時か夕食前に測定しましょう。入浴後や飲酒後の血圧測定も不正確です。

１週間測定し、その平均が140/90mmHgを超えるときは、生活習慣の改善が必要です。それぞれの方法で約５mmHg血圧を下げます。

☐ 減量：正常な体重維持（BMIは18.5～24.9）

☐ 食事：果物や野菜を多くとる、低脂肪食

☐ 塩分制限：食塩は1日6g以下

☐ 運動：ほぼ毎日運動（速歩など）毎日30分以上、またはエアロビクス30分間を週に5日

☐ アルコール制限：ビールなら700mlまで、ワイン＜300ml、ウイスキー＜80ml（いずれか1日あたりの量）＊女性や体重の軽い人はその半分量まで

3カ月間生活習慣を改善しても血圧が140/90mmHg以下にならない場合は降圧薬の内服が必要です。

【コレステロール】

心筋梗塞、糖尿病、腹部大動脈瘤があれば、LDL（悪玉）コレステロールは100mg/dL以下が目標です。危険因子（＊）が2個以上あれば130mg/dL以下、1個以下ならば160mg/dL以下が目標値です。

＊危険因子

①年齢（男性45歳以上、女性55歳以上または閉経後）
②高血圧（140/90mmHg以上または降圧薬を服用中）
③喫煙
④HDL（善玉）コレステロール（40mg/dL以下）
⑤第1親族（男性55歳以下、女性65歳以下）が心筋梗塞を起こしたことがある

26 高熱が出ていますがインフルエンザでしょうか？

通常の風邪では喉の痛み、咳、鼻水の３つの症状のうち２つ以上が生じます。インフルエンザではさらに強い全身症状を伴うことが多く、38.0℃を超える高熱、倦怠感、頭痛、全身の筋肉痛や関節痛が特徴です。

家族や同僚にインフルエンザウイルスに感染した人がいるとインフルエンザにかかる可能性は一層高まります。感染を受けてから発症するまでの期間（潜伏期）は１～３日です。感染力は非常に強く、電車で隣のつり革にぶら下がっている人が咳をするだけで感染します。流行時には人ごみを避けることが賢明です。全ての大人にはインフルエンザワクチンの予防接種が勧められます（MMWR Recomm Rep.60:1,2011）。ワクチンを打てば絶対に感染しないわけではありませんが、症状は軽くすむ可能性があります。

インフルエンザ抗原検出キットを用いれば、30分で簡単にインフルエンザの診断ができます。治療は抗インフルエンザ薬の内服(タミフル®)、または口からの吸入(イナビル®)です。これらを発症から48時間以内に使えば、治癒期間を約1日短縮しますが、人間には自然治癒力がありますから、このような薬を飲まなくても治ります。解熱薬が必要な時はライ症候群を避けるため、安全性の高いアセトアミノフェンを飲んでください。原因は不明ですが、小児ではインフルエンザ脳症を起こすことがあります。意識が悪い時はすぐに救急車で病院を受診してください。

鳥インフルエンザウイルスが変異して、ヒトからヒトへと感染するインフルエンザウイルスが生まれ、世界中で大流行となることが懸念されています。鳥インフルエンザに対する最新情報は厚生労働省のホームページ「鳥インフルエンザ」から入手が可能です(http://www.mhlw.go.jp/bunya/kenkou/kekkaku-kansenshou02/)。

27　食物アレルギーでしょうか？

皮膚にかゆみを伴う、少し膨らみをもった赤い斑点が突然できることがあります。じんましんです。ある特定の食べ物や薬によって起こることがありますが、原因がよく分からない場合もあります。症状が軽ければ、数時間で自然に治っていきます。

皮膚のかゆみに加えて呼吸困難、下痢、意識障害がある場合は非常に危険です。この状態はアナフィラキシーと呼ばれます。すぐに救急車を呼び救急室で治療を受けなければなりません。

小児の嘔吐や下痢は食物アレルギーであることがあります。小児では鶏卵、牛乳、小麦、ソバ、大豆、果実、ピーナッツなどが原因となります。卵アレルギーは生後6～12カ月の頃に湿疹が出て、3歳くらいに喘息発作を起こします。成人では甲殻類(エビ、カニ)、小麦、ソバ、果実、魚が原因として多くみられます。卵、牛乳、小麦、大豆アレルギーは年齢とともに改善します。しかしながら、カニ、エビ、魚、ピーナッツに対するアレルギーは歳をとっても治ることはありません(N Engl J Med.359:1252,2008)。

食物アレルギーは原因食物を食べて20分から２時間以内に症状が起きます。また、原因となる食物を食べて数時間以内に運動をしたときにじんましんやアナフィラキシーとなることもあります。アナフィラキシーを起こす可能性がある人には主治医からエピペン®という自己注射用の薬が処方されることがあります。

小児の食物アレルギーに関しては、次のサイトが参考になります。

「セルフケアナビ　食物アレルギー　お家でできること」

http://www.allergy.go.jp/allergy/publications/pdf/foodallergy.pdf

28 目がかゆくてたまりませんが花粉症でしょうか？

花粉症は花粉に対するアレルギー反応です。最も多い原因はスギ花粉です。ヒノキやブタクサの花粉も原因となります。症状は目のかゆみと鼻水です。スギ・ヒノキ花粉症なら２月から５月（10月から11月にも少量の飛散があります）、イネ科の花粉症は6月から８月、ブタクサ花粉症では８月から10月に症状がでます（厚生労働省　平成22年度花粉症対策　花粉症Ｑ＆Ａ集）。薬を使わなければ、目の異常なほどのかゆみ（目玉を取り出して洗いたくなります）、ティッシュペーパーを一日に一箱使ってしまうほど、とめどもなく流れる鼻水とくしゃみです。

治療は目には抗アレルギー薬の点眼、鼻にはステロイドの点鼻薬が最も効果があります。私もひどい花粉症がありますが、これらを毎朝使用すれば、かなり症状を和らげることができます。ステロイドの点鼻薬には鼻出血（軽度）の副作用があります。

29 視力が低下していますが目の病気でしょうか？

写真が大好きな私の友人医師は、一眼レフで撮影した写真つき年賀状を毎年送ってくれます。たいていは素敵な山の風景です。ところが、ある年の年賀状は「青い空」が映っているだけでした。「白内障の手術を受けました。今までただの青い空と思っていた空がこんなに青かったなんて」と書かれていました。

視力は人間にとって最も大切な感覚です。視力が低下すると日常生活が大きく損なわれます。急に視力が悪くなった時は、すぐに救急室に行かなければなりません。よくある急性視力低下の原因としては、脳梗塞（一過性脳虚血発作)、網膜剥離、急性緑内障発作があります。

視力低下がゆっくり進行する疾患には、近視や老眼（遠視)、白内障、慢性緑内障、糖尿病性網膜症、ドライアイがあります。これらは眼科での診察が必要です。片頭痛が始まる前に視野の一部が見え

目のしくみ

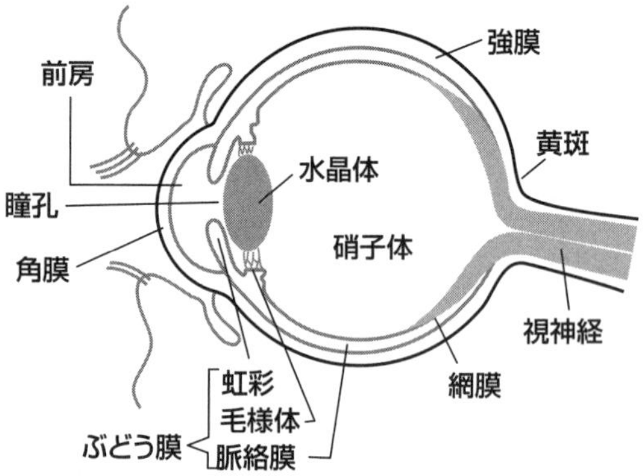

にくくなることもあります。光の周りに輪が見える、時々目がかすむ、視野が狭くなる、頭痛、吐き気、眼の痛みは緑内障を示唆する症状です。目がかすむ、まぶしくて夜間の運転ができない、太陽の光がまぶしいという症状があれば白内障を疑います。白内障は50歳以上の方に多く起こります。

また、ブドウ膜炎でも、視力低下、目のかすみ、眼の痛みが起こります。ブドウ膜炎と緑内障では目の白い部分（白目）が赤く充血することがあります。感染（細菌、ウイルス）やベーチェット病、サルコイドーシス、原田病がブドウ膜炎の原因になります。

薬剤による視力低下として有名なものは、ステロイド、ブスコパン®(腹痛止め)、抗ヒスタミン薬、ベンゾジアゼピン、抗うつ薬です。パソコンやコンピューターゲームを長時間行なった時は眼精疲労をよく起こします。目を休めることで症状は改善します。

30 歯が痛いのですが……

歯が痛い時には痛い歯の上をティースプーンでコツコツ叩いてみましょう。もし痛みがひどくなるなら、虫歯や歯の神経が過敏になっている可能性があります。虫歯治療後にかぶせてあった金属（クラウン）が、固いものを食べて外れてしまった時は、たいていはクラウンの下で虫歯が広がったためです。まず痛み止め（市販の鎮痛薬でもよい）を飲んでみて、痛みが引かないようなら歯科を受診するのがよいでしょう。

蓄膿（副鼻腔炎）でも上の奥歯に痛みを起こすことがあります。黄緑色の鼻水、鼻づまり、顔面の痛み、前かがみになるとひどくなる頭痛がある時は耳鼻科を受診してください。まれですが、歯の痛みが三叉神経痛から生じることがあります。突発的に数秒間のビリッとした痛み（電撃痛）が顔面に起こります。洗顔、ひげ剃り、噛むなどの行為で痛みが誘発されます。神経内科または脳神経外科の受診が必要です。

31 耳が痛いのですが……

小児に起きる耳の痛みの多くは中耳炎が原因です。喉に感染した細菌が、耳管（喉と中耳を結ぶ管）を通って中耳に感染を起こすと中耳炎になります。小さな子供では耳痛の訴えがはっきりせず、症状は発熱だけのこともあります。耳鏡という診察器具を使って鼓膜を観察し、鼓膜の奥にある中耳に液がたまり鼓膜が腫れ上がっていないかを調べます。軽症ならば3日間は、抗菌薬を使わずに解熱鎮痛薬だけ飲んでおけばよく、3日後に改善がない場合は抗菌薬（アモキシシリン）を5日間飲むことが推奨されています（小児急性中耳炎診療ガイドライン2009年版）。

耳掃除や爪で耳穴（外耳道）を傷つけ感染を起こすこともあります（外耳道炎）。耳を引っ張り痛くなれば、外耳道炎です。90％は細菌が原因ですが、真菌やアレルギーが原因となることがあります。多くは2～3日で自然に治りますが、良くならないときは耳鼻科を受診しましょう。糖尿病の患者さんで

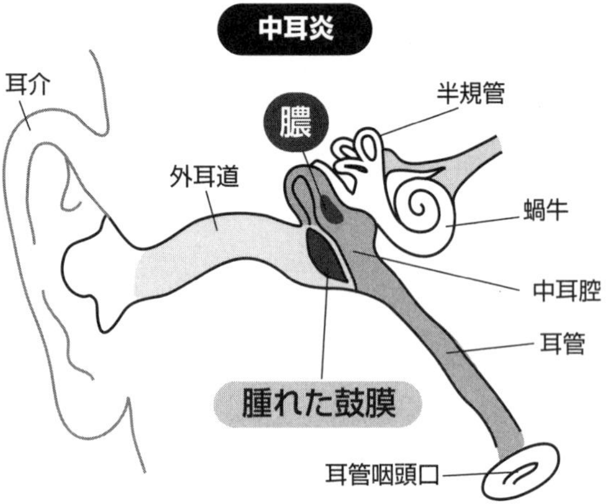

は緑膿菌による外耳道炎から全身のひどい感染症に進行することがある（悪性外耳道炎）ので注意が必要です。

32 最近、やせてきたのですが……

体重減少の定義は半年から1年間に、体重の5％以上が失われることです（60kg の体重の人なら3kg の減少）。悪性腫瘍、結核、うつ病、神経性食思不振症、糖尿病、甲状腺機能亢進症、副腎不全、HIV 感染症などがある可能性があります。

基本的な血液/尿検査の他に、年齢に応じた悪性腫瘍のスクリーニング検査（胃カメラ、大腸内視鏡、胸部レントゲン検査、乳癌検査、腹部CT など）、甲状腺・副腎機能のチェック、うつ病スクリーニングが必要です。食欲があるのにやせる場合には、甲状腺機能亢進症と糖尿病を疑います。

33　下痢になってしまったのですが……

急性下痢のほとんどは3日程度で治るので心配はいりません。牛乳、アルコール、カフェインの含まれた飲料など便を柔らかくする飲み物を避け、水分をしっかりと補給しましょう。無理に食事をとる必要はありません。軽い下痢ならば市販のスポーツドリンクやお茶でも構いませんが、頻回の下痢では経口補水塩（oral rehydration salts：ORS）が適切とされています。味はよくありませんが、脱水を効率的に改善します。

経口補水塩（ORS）の作り方

- ペットボトルの清潔な水か、煮沸した水を1リットル用意してください。
- 小さじすり切り6杯の砂糖と小さじ1/2杯の塩を入れて水と混ぜてください。
- 100cc程度のオレンジジュースを混ぜると味がよくなり、カリウムも補充することができます。

（http://blog.livedoor.jp/disasterinfection/archives/2653018.html）

38.5℃以上の発熱、血便、ひどい腹痛、脱水、70歳以上、衛生状態が悪い国からの帰国、免疫低下があれば、検査や抗菌薬が必要なことがありますので病院に行きましょう。就寝中の下痢は、何か重大な疾患が下痢を起こしていることを示しています。

冬に発生する嘔吐を伴う下痢のほとんどはノロウイルス感染症です。他の家族への感染を防ぐため、家族全員で手洗いをしっかりと行いましょう。食中毒（カンピロバクター、サルモネラなど)、細菌(病原大腸菌)、薬剤によっても急性下痢は起こります。小児の嘔吐、下痢では食物《しょくもつ》アレルギーのことがあります。

１カ月以上にわたる下痢は慢性下痢と呼ばれます。過敏性腸症候群、乳糖不耐症、薬剤、炎症性腸疾患（潰瘍性大腸炎、クローン病)、腸の慢性感染症が原因となっていることがあります。病院を受診してください。

34 家庭に常備したい医療用具と薬を教えてください

●体温計

●血圧計：（家族に40歳以上の人がいれば）手首ではなく腕に巻く通常のタイプのものが正確でよい。

●解熱鎮痛薬：いろいろな種類があるが、アセトアミノフェン（タイレノール®、小児用バファリン®）が最も副作用が少なく子どもでも安心して飲むことができる。

●チョコレートペースト：子どもが苦みのため薬を飲むのを嫌がる時はこれに混ぜるとよい。

●ワセリン軟膏：ケガの処置に用いる。

●ガーゼ、バンドエイド®

●包帯

●アイスノン®：発熱時に重宝する。

索引

一〇〇字書評

切り取り線

購買動機（新聞、雑誌名を記入するか、あるいは○をつけてください）

□（　　　　　　　　）の広告を見て	
□（　　　　　　　　）の書評を見て	
□ 知人のすすめで	□ タイトルに惹かれて
□ カバーがよかったから	□ 内容が面白そうだから
□ 好きな作家だから	□ 好きな分野の本だから

●最近、最も感銘を受けた作品名をお書きください

●あなたのお好きな作家名をお書きください

●その他、ご要望がありましたらお書きください

住所	〒				
氏名		職業		年齢	
新刊情報等のパソコンメール配信を 希望する・しない	Eメール	※携帯には配信できません			

あなたにお願い

この本の感想を、編集部までお寄せいただけたらありがたく存じます。今後の企画の参考にさせていただきます。Eメールでも結構です。

いただいた「一〇〇字書評」は、新聞・雑誌等に紹介させていただくことがあります。その場合はお礼として特製図書カードを差し上げます。

前ページの原稿用紙に書評をお書きの上、切り取り、左記までお送り下さい。宛先の住所は不要です。

なお、ご記入いただいたお名前、ご住所等は、書評紹介の事前了解、謝礼のお届けのためだけに利用し、そのほかの目的のために利用することはありません。

〒一〇一‐八七〇一
祥伝社黄金文庫編集長　萩原貞臣
☎〇三（三二六五）二〇八四
ohgon@shodensha.co.jp

祥伝社ホームページの「ブックレビュー」からも、書けるようになりました。
http://www.shodensha.co.jp/bookreview/

祥伝社黄金文庫

症状《しょうじょう》から80%の病気《びょうき》はわかる　逆引《ぎゃくび》き　みんなの医学書《いがくしょ》

平成25年9月5日　初版第1刷発行
令和元年12月20日　第2刷発行

著　者　山中克郎《やまなかかつお》
発行者　辻 浩明
発行所　祥伝社《しょうでんしゃ》
〒101－8701
東京都千代田区神田神保町3－3
電話　03（3265）2084（編集部）
電話　03（3265）2081（販売部）
電話　03（3265）3622（業務部）
www.shodensha.co.jp
印刷所　堀内印刷
製本所　ナショナル製本

本書の無断複写は著作権法上での例外を除き禁じられています。また、代行業者など購入者以外の第三者による電子データ化及び電子書籍化は、たとえ個人や家庭内での利用でも著作権法違反です。
造本には十分注意しておりますが、万一、落丁・乱丁などの不良品がありましたら、「業務部」あてにお送り下さい。送料小社負担にてお取り替えいたします。ただし、古書店で購入されたものについてはお取り替え出来ません。

Printed in Japan　© 2013, Katsuo Yamanaka
ISBN978-4-396-31611-2 C0147

祥伝社黄金文庫

池谷敏郎
ここ10年で、これだけ変わった！
最新医学常識99
ジェネリック医薬品は同じ効きめ？ 睡眠薬や安定剤はクセになるので、やめる？ その「常識」危険です！

池谷敏郎
知らずに飲んでる
最新「薬」常識88
薬は、お茶で飲んではいけない？ 市販薬の副作用死が毎年報告されている？ その「常識」確認して下さい。

石原新菜
これだけは知っておきたい
最新 女性の医学常識78
×熱が出たら体を温める
×1日3食きちんと食べる……etc.
その「常識」、危険です！

カワムラタマミ
からだは みんな知っている
10円玉1枚分の軽い「圧」で自然治癒力が動き出す！ 本当の自分に戻るためのあたたかなヒント集！

三石 巌
医学常識はウソだらけ
コレステロールは〝健康の味方〟？ 貧血には鉄分ではなく、タンパク質!? 医学の常識はまちがっている？

済陽高穂
がんにならない毎日の食習慣
先進国で日本だけが急増中のがん。食事を変えれば、がんは防げることを臨床から実証！ その予防法とは？